U0607440

新编

现代企业仓储物流管理
必备制度与表格

张 浩 郑 健◎编著

中国文史出版社

图书在版编目（ＣＩＰ）数据

新编现代企业仓储物流管理必备制度与表格 / 张浩，

郑健编著. -- 北京：中国文史出版社, 2020.1

ISBN 978-7-5205-1239-8

Ⅰ. ①新… Ⅱ. ①张… ②郑… Ⅲ. ①企业管理－物

流管理 Ⅳ. ①F273.4

中国版本图书馆 CIP 数据核字(2019)第 185914 号

责任编辑：詹红旗　戴小璇

出版发行：中国文史出版社
社　　址：北京市海淀区西八里庄 69 号院　　邮编：100142
电　　话：010-81136606　　81136602　81136603(发行部)
传　　真：010-81136655
印　　装：廊坊市海涛印刷有限公司
经　　销：全国新华书店
开　　本：1/16
印　　张：21.5
字　　数：423 千字
版　　次：2020 年 1 月北京第 1 版
印　　次：2020 年 1 月第 1 次印刷
定　　价：59.00 元

文史版图书，版权所有，侵权必究。

目 录

第一章　行政人事管理制度与表格

第一节　行政人事管理制度

一、办公室员工岗位职责

第一条　办公室主任

1. 全面负责和具体主持办公室的行政事务工作。

2. 召集公司办公室每周例会，制定每周工作计划。

3. 审核批准公司 1000 元以下的行政费用开支报告。

4. 审核上报公司 1000 元以上的行政费用开支计划。

5. 负责公司防火、防盗及交通等安全管理工作。

6. 管理公司员工及其住房。

7. 负责公司对外经济合同的审核签章及公司法律事务协调。

8. 管理总经理办公室人员编制。

9. 负责对外联系工作计划的制订与实施。

第二条　办公室副主任

1. 督办与上报全公司各部门每周的工作计划。

2. 落实谈心制度。

3. 反映员工的思想动态，研究、报批与实施引导激励员工的激励机制。

4. 安排布置内部会议的资料。

5. 组织与安排员工生日及公司集会。

6. 负责公司发文管理及报批。

7. 协助公司各部门整理资料。

8. 管理档案。

9. 审查文件、记录及内刊。

第三条 行政主管

1. 按合同实施物资采购和小型用品采购。

2. 具体安排员工午餐。

3. 缴纳电话费。

4. 管理环境卫生。

5. 安排外来宾客的住宿。

6. 具体办理车辆的年检、年审、保险、维修并与车管部门进行工作联系。

7. 办理经批准的公司员工的暂住证，负责与安保部门的工作联系。

8. 其他工作。

第四条 前台文员

1. 接转交换机电话。

2. 负责传真收发与登记。

3. 负责前台接待、登记。

4. 引见、招待、接送来宾。

5. 负责监督打卡和汇总考勤。

6. 负责请假及加班申报单的保管、汇总、造表。

7. 负责锁门，管理电梯，检查电灯、门窗是否关好。

8. 收发报刊函件及整理保管报纸。

第五条 文员

1. 负责文件、资料的打印、登记、发放、复印、装订。

2. 保管、登记和按规定发放办公文具与器材。

3. 制订办公用品计划并报主任审批。

4. 接待与通报总经理室客人。

5. 管理饮水。

第六条　司机

1. 保证公司业务部门用车及行车安全。

2. 保证公司领导上下班用车及来宾接送用车。

3. 负责使用车辆的保管及日常清洗、维护、保养。

4. 其他工作。

二、员工保密规定

第一条　保密工作是指对可能发生的泄密和窃密活动采取的系列防范措施。

第二条　保密工作原则：积极防范，突出重点，严肃纪律。

第三条　全体员工应做到：不该看的不看、不该问的不问、不该说的不说。

第四条　文件和资料保密：

（1）拟稿。文稿的拟定者应准确定出文稿的密级。

（2）印制。文件统一由行政管理部印制。

（3）复印。复印秘密文件和资料，由主管总裁批准。

（4）递送。携带秘密文件外出，由两人同行，并包装密封。

（5）保管。秘密文件由行政管理部统一保管，个人不得保存。如需借阅，由主管副总经理批准，并于当天收回。

（6）归档。没有解密的文件和资料存档时要在扉页上注明原定密级，并按有关规定执行。

（7）销毁。按档案管理的有关规定执行。

第五条　对外披露信息，按公司规定执行，按下列程序办理：由部门经理、主管副总经理、法律事务处会签。

第六条　保密内容按以下三级划分：

（1）绝密级：

①集团领导的电传、传真、书信。

②非公开的规章制度、计划、报表及重要文件。

③集团领导个人情况。

④正在研究的经营计划与具体方案。

（2）机密级：

①集团电传、传真、合同。

②生产工艺及指导生产的技术性文件和资料。

③员工档案。

④组织状况，人员编制。

⑤人员任免（未审批）。

（3）秘密级：

集团的经营数据、策划方案及有关集团利益的其他文件和事项。

三、凭证管理规定

凭证包括介绍信、工作证、发票等票证。加盖公章并已具有效力的凭证，应严格保管和使用；未盖公章或专用章的空白凭证，虽然还不具备生效的条件，但仍应严格保管，不得丢失外流。

对于凭证的管理，要做到：

（1）严格履行验收手续。

（2）建立凭证文书登记。

（3）选择保密的地点和坚固的箱柜，整齐有序地入库保存。

（4）定期进行检查，若发现异常情况，要随时提出处理意见。

（5）严格出库登记。对于有价证券和其他主要凭证，应参照国家规定的金库管理办法进行管理。

凭证文书具有很高的查考价值，大多需要永久保存。因此，一切有关凭证的正件、抄件、存根、复写件以及文稿、草图、签发件、资料，都应及时整理，妥善保存，并按立卷归档的规定随时分类入卷、定期整理归档，不得丢失和自行销毁。

四、印章管理制度

第一条　本制度就公司内使用的印章更换与废止、管理及使用方法做出规定。

第二条　本规定中所指印章是在公司发行或管理的文件、凭证文书等与公司权利义务有关的文件上，因需以公司名称或有关部门名义证明其权威作用而使用的印章。

第三条　公司印章的制定、改刻与废止的方案由总经理办公室主任提出。

第四条　总经理办公室主任必须在提出的议案中对新旧公司印章的种类、名称、形式、使用范围及管理权限做出说明。

第五条　公司印章的刻制由总经理办公室主任负责，更换或废止的印章应由规定的各管理人迅速交还总经理办公室主任。

第六条　除特别需要，由总经理办公室主任将废止印章保存三年。

第七条　公司印章散失、损毁、被盗时，各管理人应迅速向公司递交说明原因的报告书，总经理办公室主任则应根据情况依本章各条规定的手续处理。

第八条　总经理办公室主任应将每个印章登入印章登记台账内，并将此台账永久保存。

第九条　印章在公司以外登记或申报时，应由管理者将印章名称、申报日期以及申报者姓名汇总后报总经理办公室主任。

第十条　公司印章的使用依照以下手续办理：

（1）使用公司或高级职员名章时应当填写"公司印章申请单"（以下简称申请单），写明申请事项，征得部门领导签字同意后，连同需盖章文件一并交印章管理人。

（2）使用部门印章和分公司印章，需在申请单上填写用印理由，然后送交所属部门经理，获认可后，连同需要用印文件一并交印章管理人。

第十一条　公司印章的使用原则上由印章管理人掌握。印章管理人必须严格控制用印范围和仔细检查用印申请单上是否有批准人的印章。

第十二条　代理实施用印的人要在事后将用印依据和用印申请单交印章管理人审查。同时用印依据及用印申请单上应用代理人印章。

第十三条　公司印章原则上不准带出公司，如确因工作需要，需经总经理批准，并由申请用印人写出借据并标明借用时间。

第十四条　常规用印或需要再次用印的文件，如事先与印章主管人取得联系或有文字证明者，可省去填写申请单的手续。印章主管人应将文件名称及制发文件人姓名记入一览表以备查考。

第十五条　公司印章的用印依照以下原则进行：公司、部门名章及分公司名章，分别用于以各自名义行文时；职务名称印章在分别以职务名义行文时使用。

第十六条　用印方法：

（1）公司印章应盖在文件正面。

（2）盖印文件必要时应盖骑缝印。

（3）除特殊规定外，盖公司章时一律应用朱红印泥。

（4）股票、债券等张数很多，盖章繁琐时，在得到经理批准后，可采取印刷方式。

第十七条　本制度从发布之日起施行。

五、印章处理制度

第一条　本制度规定本公司重要印章及一般交易印章的使用和管理。

第二条　重要印章由总经理或总务部经理负责保管，交易用章由总务部秘书室保管。

第三条　需加盖重要印章或交易用章时依照以下手续进行：

（1）重要印章：

①需盖章时，持需盖章文件并填写"重要用印申请书"后，经所属部门的负责人批准后报总务部秘书室。

②秘书室主任接到申请，确认手续完备和申请单上填写无误后，将其与文件一起交总务部经理批复。

③总务部经理对文件的效用进行审查，对有关疑点进行质询后注明意见，呈报总经理。

④总经理在对上述过程及文件审查后，直接在文件上盖印。

⑤盖过印的文件及"重要用印申请书"由总务部经理返还秘书室，文件发还申请人，"重要用印申请书"的"处理结果"一栏由总经理填写，秘书室统一保存。

⑥总经理若认为文件有不完善之处，由总务部经理、秘书室主任依次向申请者反馈。

（2）一般交易印章：

①填写"交易印章施印登记表"，与需盖章的文件一并交总务部秘书室。

②接收上述文件及表格的总务部秘书室主任要亲自处理用印事务。

③总务部经理作为秘书室主任的上级，负有管理用印的责任。

第四条　总经理因不得已的原因而不能自行用印时，预先征得同意后可委托常务董事代行用印。

第五条　办理用印事宜应在营业时间之内。

第六条　严禁将印章带出公司。不得不带出公司时，需经总经理批准。

第七条　印章如发生丢失、损毁或被盗情况，应迅速向总经理或总务部经理汇报。

第八条　印章的新刻或改制由总务部经理获总经理批准后办理。

第九条　不论是重要印章还是一般交易用章，用于文件和凭证时就代表着公司的权利和义务，因此，应将公司印章的印模制成印鉴簿，交由总务部经理保管。

第十条　本制度的制定下发和修改、废止，由董事会研究决定。

六、公章使用办法

第一条　公司可以对外使用的公章。

公司章、公司业务专用章（办公室章、人事部章、计划财务部章、国际合作部章、合同专用章）。

第二条　公司章使用范围。

（1）以公司名义上报总公司的报告和其他文件。

（2）以公司名义向上级国家机关、各省市、自治区党政机关发出的重要公函和文件。

（3）以公司名义与有关同级单位的业务往来、公函文件和联合发文等。

第三条　公司业务专用章使用范围。

（1）办公室章：以办公室名义向公司外发出的公函和其他文件、联系工作介绍信、刻制印章证明。

（2）人事部章：就有关人事、劳资等方面业务代表公司用章。

（3）计划财务部章：就有关计划、财务等方面业务代表公司用章。

（4）国际合作部章：就有关国际间交往、业务联系、接待计划、组织国际性会议等方面业务代表公司用章。

（5）合同专用章：以公司名义签订的协议、合同和有关会议纪要等。

第四条　公司印章使用手续。

（1）公司章、计划财务章、合同专用章必须经总经理、副总经理或总经理助理批准方可使用。

（2）办公室章、国际合作部章由办公室主任批准后使用。

（3）使用公章必须事先履行登记手续。

七、印信使用管理规定

第一条　印章的种类。

（1）印鉴：公司向主管机关登记的公司印章或指定业务专用的公司印章。

（2）职章：刻有公司董事长或总经理职衔的印章。

（3）部门章：刻有公司部门名称的印章。不对外单位的部门章可加注"对内专用"。

（4）职衔签字章：刻有经理及总经理职衔及签名的印章。

第二条　印章使用规定。

（1）对公司经营权有重大关联、涉及政策性问题或以公司名义向政府行政、税务、金融等机构的行文盖公司章。

（2）以公司名义对国家机关团体、企业核发的证明文件及各类规章典范的核决等由总经理署名，盖总经理职衔章。

（3）以部门名义于授权范围内对厂商、客户及内部规章典范的核决行文由经理署名，盖经理职衔章。

（4）各部门于经办业务的权责范围内及对于公民营事业、民间机构、个人的行文以及收发文件时，盖部门章。

第三条　印章的监印。

（1）总经理职衔章及特定业务专用章由总经理核定监印人员。

（2）总经理职衔章的监印人员为管理部主管。

（3）经理职衔章及部门章由经理指定监印人员。

第四条　印章盖用。

（1）用印前，先填写"用印申请单"，经主管核准后，连同经审核的文件文稿等交监印人用印。

（2）监印人除于文件、文稿上用印外，并应于"用印申请单"上加盖使用的印章存档。

第五条　各种印章由监印人负责保管，如有遗失，由监印人负全责。

第六条　监印人对未经刊行的文件不得擅自用印，违者受处罚。

第七条　印章遗失时除立即向上级报备外，还应依法公告作废。

第八条　本办法经总经理核准后施行，修改时亦同。

八、介绍信管理规定

介绍信一般由总经理办公室机要秘书负责保管和开具。开具介绍信要严格履行审批手续，严禁发出空白介绍信。介绍信存根要归档，保存期5年。因情况变化，介绍信领用人没有使用介绍信，应即退还，将它贴在原存根处，并写明情况。如发现介绍信丢失，应及时采取相应措施。

介绍信一般分信笺介绍信、存根介绍信和证明信三种。因类型不同，其管理方式也不同。

1. 信笺介绍信

这种介绍信多为联系某项工作。用这种信笺开介绍信，可以表达较为复杂的内容。

2. 存根介绍信

这种介绍信一般为固定格式的印刷件，分成两联：一联是存根，即副联，另一联是对外用的介绍信，即正联；正副联中有一间缝；正副联都有连续号码。开具时除要在正联下方盖公章外，在正副联间骑缝处也要盖公章。

3. 证明信

证明信是以物流中心的名义证明某人的身份、经历或者有关事件的真实情况的专用文书。一种是以组织名义发的证明信；另外一种是以个人名义发的证明信。证明信除个人盖章（签字）外，组织也要盖章，以证明此人的身份。

九、每周例会制度

第一条　部门管理人员例会每周举行一次，由总经理主持，副总经理及各部门经理级人员参加。

第二条　会议主要内容为：

（1）总经理传达主管或上级公司有关文件，董事会、总经理办公会议精神。

（2）各部门经理汇报一周工作情况，以及需提请总经理或其他部门协调解决的问题。

（3）由总经理对本周各部门的工作进行讲评，提出下周工作要点，进行布置和安排。

（4）其他需要解决的问题。

第三条　会议参加者在会上要畅所欲言、各抒己见，允许持有不同观点和保留意见。但会上一旦形成决议，无论个人同意与否，都应认真贯彻执行。

第四条　严守会议纪律，保守会议秘密，在会议决议未正式公布以前，不得私自泄露会议内容，影响决议实施。

十、物流员工守则

1. 严于职守

（1）按时上下班，工作时间内不得擅离职守，下班后无事不得在物流中心内逗留。

（2）上下班须走员工通道，乘员工专用电梯。

（3）工作时间不准打私人电话，不准会客。

（4）工作时间不得穿着工作制服外出，不准吃东西，不准开放收录机、电视机,不得唱歌哼小调,举止文明。

(5)除指定人员外,其他员工不得使用客用设施。

(6)各级管理人员不得利用职权给亲友以特殊优惠。

2. 工作态度

(1)做到顾客至上,热情有礼。这是员工对顾客和同事的最基本的态度。要面带笑容,使用敬语,"请"字当头,"谢"字不离口,接电话要先说"您好"。

(2)给顾客以亲切和轻松愉快的感觉。最适当的表示方法是常露笑容,"微笑"是友谊的"大使",是企业连接顾客的桥梁。

(3)努力赢得顾客的满意及物流中心的声誉。提供高效率的服务,关注工作上的细节,急顾客所急,为顾客排忧解难。

(4)给顾客以效率快、服务好的印象。无论是常规的服务还是正常的管理工作,都应尽职尽责,一切务求得到圆满的效果。

(5)各部门之间、员工之间应互相配合、真诚协作,同心协力解决疑难问题,维护物流中心的声誉。

(6)忠诚老实是物流中心员工必须具有的品德。有事必报,有错必改,不得提供假情况,不得文过饰非、阳奉阴违。

3. 处理顾客投诉

顾客是"上帝",全体员工都必须高度重视顾客的投诉。要细心聆听投诉,让顾客畅所欲言,并把它作为改进物流中心管理的不可多得的珍贵教材。

(1)如果顾客投诉的事项不需或不能立即解决,应以书面形式记下投诉细节,并勿忘多谢顾客和对事件致歉(注意:只致歉),然后迅速通知或转报有关部门人员。

(2)事无大小,对顾客投诉的事项,处理结果事后必须有交代。

(3)投诉事项中,若有涉及本人的记录,不得涂改、撕毁,更不得假造。

(4)投诉经调查属实可作为奖励或处罚的依据。

4. 服从领导

各级员工应切实服从领导的工作安排和调度，按时完成任务，不得无故拖延、拒绝或终止工作。遇有疑难问题或不满工作安排的，应从速向直属领导请示或投诉。

5. 上、下班打卡

（1）员工上下班时必须按规定打记时卡及签到签退，并应留有充分时间更换制服，以准时到达工作岗位。

（2）不得代人打卡或委托他人代打卡。

（3）如因加班、病事假、公差、外勤等原因未能打卡，应向所在部门班组报告，以备核查。

6. 仪容仪表

员工的仪表仪容直接影响物流中心的声誉及形象，全体员工必须充分认识到这一问题的重要性。

（1）员工必须保持服装整齐清洁，并在指定位置佩戴工号牌（实习生证）或员工证。物流中心所发的工作制服、鞋袜等物品要自觉爱护，做到衣装整洁。

（2）男员工头发以发脚不盖过耳部及后衣领为适度，不准留胡子。

（3）女员工不得披头散发，头发不宜过长，以不超过肩部为适度；保持淡雅妆容，不使用味浓的化妆用品。

（4）员工不得梳怪异发型，应勤修剪头发、指甲，保持清洁。

7. 证件及名牌

（1）每位员工均由物流中心按规定发给工作证、工号牌（实习生证）或员工证。员工当值时应佩戴工号牌（实习生证）或员工证，部门主管及保安、稽查人员有权随时检查有关证件。

（2）工作证、工号牌（实习生证）或员工证如有遗失、被窃，应立即向部门、人事培训部报告，并按规定到人事培训部办理交费补领手续，所引起的一切责任由本人负责。证件及名牌因使用时间长久而损坏者，可凭旧换新。

（3）员工离开物流中心时应将有关证件交回人事培训部，违者按中心规定办理。

8. 工作制服

（1）物流中心将视员工的岗位及工作需要，按不同规定发放制服。凡需穿着工作制服的员工为制服员工，不要求穿着制服的员工为非制服员工。

（2）员工穿着必须保持整齐、清洁、端庄、大方，上班时必须按规定穿着工作制服。除因公或经批准外，不能穿着或携带制服离开物流中心，下班后须将制服存放在本人衣柜内。

（3）员工离职时必须将工作制服交回制服房，如有遗失或损坏，则需按有关规定赔偿。

9. 物品保管手续

（1）物流中心发给员工的制服、工作证、工号牌、员工证、衣柜、衣柜锁匙、记时卡等物品均应妥善使用及保管。

（2）若有遗失或损坏，应立即通知部门主管并报人事培训部及有关部门，申请办理赔偿补领手续。

10. 个人资料

（1）员工应如实填写各类有关表格，做到忠诚老实，不隐瞒、不假造。

（2）为避免有关资料不确实而导致日后员工正当权益受损失，员工本人及其家庭成员有关记录及其变化，例如地址、婚姻、学历、调动、出国、生育及涉及刑事、行政判决处理等情况，均应及时告知部门及人事培训部。如有隐瞒、虚报造假，一经发现或由此而产生的一切后果，一律由本人负责，物流中心将保留追究其责任并有做出处理的权力。

11. 讲究卫生，爱护公物

（1）养成讲卫生的美德，不随地吐痰，丢纸屑、果皮、烟头和杂物。如在公共场所发现有纸屑、杂物等，应随手捡起来，以保持物流中心内清洁优美的环境。

（2）爱护物流中心的一切工作器具，注意所有设备的定期维修、保养，节约用水、用电和易耗品，不准乱拿乱用公物，不得把有用的公物扔入垃圾桶。

12. 严守机密

未经批准，员工不得向外界传播或提供有关物流中心的资料，物流中心的一切有关文件及资料不得交给无关人员，如有查询，可请查询者到物流中心总经理室或公共关系部。

十一、物流中心考勤管理规定

第一条　为加强物流中心职工考勤管理，特制定本规定。

第二条　本规定适用于物流中心总部，各下属全资或控股企业或参照执行或另行规定，各企业自定的考勤管理规定须由物流中心规范化管理委员会审核签发。

第三条　员工正常工作时间一般分三班：早班——7：00～15：00；中班——15：00～23：00；大夜班——23：00～次日7：00。

第四条　物流中心职工一律实行上下班打卡登记制度。

第五条　所有员工上下班均需亲自打卡，任何人不得代理他人或由他人代理打卡，违反此条规定者，代理人和被代理人均给予记过1次的处分。

第六条　物流中心每天安排人员监督员工上下班打卡，并负责将员工出勤情况报告物流中心值班领导，由值班领导报至劳资部，劳资部据此核发全勤奖金及填报员工考核表。

第七条　所有人员均须先到公司打卡报到，之后方能外出办理各项业务。特殊情况需经主管领导批准。不办理批准手续者，按迟到或旷工处理。

第八条　上班时间开始后5分钟至30分钟内到班者，按迟到论处，超过30

分钟以上者，按旷工半日论处。提前 30 分钟以内下班者按早退论处，超过 30 分钟者按旷工半日论处。

第九条　员工外出办理业务前须向本部门负责人（或其授权人）申明外出原因及返回物流中心时间，否则按外出办私事处理。

第十条　上班时间外出办私事者，一经发现，即扣除当月全勤奖，并给予警告 1 次处分。

第十一条　员工 1 个月内迟到、早退累计达 3 次者扣发全勤奖 50%，达 5 次者扣发 100% 全勤奖，并给予 1 次警告处分。

第十二条　员工无故旷工半日者，扣发当月全勤奖，并给予一次警告处分，每月累计 3 天旷工者，扣除当月工资，并给予记过 1 次处分，无故旷工达 7 天以上者，给予除名处理。

第十三条　职工因公出差，须事先填写出差登记表，副经理以下人员由部门经理批准；各部门经理由主管领导批准。高层管理人员出差须报经总经理或董事长批准，工作紧急无法向总裁或董事长请假时，须在董事长秘书室备案，到达出差地后应及时与公司取得联系。出差登记手续办妥后交至劳动工资部备案。凡过期或未填写出差登记表者不补发全勤奖，不予报销出差费用，特殊情况须报总经理审批。

第十四条　当月全勤者，可获全勤奖金 200 元。

十二、员工打卡管理规定

第一条　本中心员工上下班打卡，须依照本办法办理。

第二条　本中心内勤员工上午上下班、下午上下班应打卡，住在市区内的业务人员，上午及下午到物流中心打进卡，外出工作时打退卡。

第三条　本中心员工下午加班者，普通下班时间不必打卡，待加班完毕再予打卡。

第四条　本中心员工因事早退或出差需要离开，且当天不再返回公司者，应打退卡后才能离开物流中心。

第五条 员工上下班，必须亲自打卡，若替人打卡，打卡者及被打卡者均给予记过一次处分。

第六条 上班时间因事外出者，其出入均不必打卡，但须向主管领导或指定人员提交出外申请单，经核准后转交前台文员，前台文员将其出入时间填妥，于下班之前交人事部备查。员工因事外出，须经直属主管核准，将外出申请单转交门卫，门卫将出入时间填入，于次日早晨交后勤管理部门转交物流中心人事部备查。

第七条 若员工上下班忘记打卡，持记录卡请直属主管证明上下班时间并签名后，将卡片放回原位。

第八条 本中心上下班时间，由人事部派人看守打卡情形及调整打卡钟。

第九条 于物流中心内用膳时，内勤人员中午可免打卡（仅上下班打卡即可）；到外面饭馆用餐者，则按规定打四次卡。

十三、员工加班细则

1. 紧急事务加班

物流中心员工于每日规定工作时间外，如需赶生产任务或处理紧急事务，应按下列规定加班。

（1）一般员工加班：

①管理部门人员加班一律由科长级主管报请主任级主管指派后填加班单。

②生产部门人员加班，先由管理（组）科根据生产工时需要拟定加班部门及人数报生产部门同意后，由领班排班［无管理（组）科者由各部门自行决定］报主任级主管核定，并由领班将加班时间内的生产量记载于工作单上。

③训练计划内必须的加班，须副总经理核准。

④以上人员的加班单，须于当日下午4时前送交人事部门，以备查核。

（2）科长级主管加班：

①各部门于假日或夜间加班，其工作紧急而较为重要者，主管人员应亲自前来督导，夜间督导最迟至22时止。

②主管加班不必填加班单，打卡即可。

2. 加班考核

（1）一般员工：

①生产部门于加班的次日，由管理（组）科按其加班工时，依生产标准计算与其工作是否相符，如有不符现象，应通知人事部门照比例扣除其加班工时。员工每日的加班时数，由所属单位主管填入工卡小计栏内，并予签证。

②管理部门直属主管对其加班情况亦应切实核查，如有敷衍未达预期效果者，可酌减其加班薪资。

（2）科长级主管如有应加班而未加班，致使工作积压延误者，由主任级主管专案考核，同样情形达两次者，应改调其他职务。

3. 加班工时计算

（1）上三班或二班的工作，如系锅炉、熔炉及机械操作不能停机者，在每餐时间内须酌留1名或2名员工看守，并应在现场进餐，不得远离工作岗位，违者以擅离岗位论，其进餐按连续加班计算。

（2）其他工作人员每日均以8小时计算，如需加班，其计算方法为工作延续时间扣除每餐30分钟（夜点亦同），即等于加班时间，不得借任何理由要求进餐时间为加班时间。

（3）凡需日夜班工作者，应由单位主管每周予以调换一次，务使劳逸均等。

4. 不得报支加班费的人员

（1）公差外出已支领出差费者。

（2）推销人员不论何时何日从事推销，均不得报支加班费。

（3）门房、守夜、交通车司机、厨工因工作性质不同，其薪资给予已包括工作时间因素在内以及另有规定，因此，不得报支加班费。

5. 加班时请假

（1）操作人员如有事不能加班时，应事先向领班声明（须有具体事实，不得故意推诿），否则一经派定即须按时到退。

（2）连续加班阶段，如因病因事不能继续工作时，应向领班或值日值夜人员以请假单请假。

（3）公休假日加班，于到班前临时有事不能加班者，应以电话向值日人员请假，次日上班后再出具证明或说明具体事实，并填单补假（注明加班请假字样）。

（4）加班时间，因机械故障一时无法修复或其他原因不能继续工作，值日值夜人员可分配其他工作或提前下班。

（5）公休假日，中午休息时间与平日同。

（6）凡加班人员于加班时不按物流中心规定工作，有偷懒、睡觉、擅离工作岗位者，经查获后，给予记过或记大过处分。

6. 注意事项

（1）加班的操作人员超过 3 人时，应派领班负责领导，超过 15 人时应派职员督导。

（2）公休假日尽可能避免临时工加班，尤其不得指派临时工单独加班。

（3）分派加班，以每班连续时间不超过 1 小时，全月不超过 36 小时为原则。

7. 附则

本细则经经理级会议研讨通过并呈总经理核准后实施。

十四、员工轮休办法

（1）本中心为执行劳动法规定结合本中心情况，特订本办法。

（2）本办法以轮班员工及其他非轮班人员但星期例假日仍需照常工作者为实施对象。

（3）轮休由各单位班长（未设班长者由单位主管）视实际情况自行排定，经各主管科长核准后，于每月20日前将下月份的轮休表送人事科备查，并凭以制作考勤卡。

（4）轮休方式：

①轮班员工每月可轮休的天数包括当月的星期例假及法定假日。

②轮班员工可按每月预定轮休的天数自由选择、事先申请排定轮休，每周休息日不少于1天。

③轮班员工每月应休未休（预先未选定轮休日）的星期例假及法定假日的天数应照常上班，并加给加班费。

④轮班员工既经依照本轮休方式①、②、③款选定轮休，则不论排定轮休的天数多少，除已排定的轮休日外，其应休未休（即预先未选定轮休日）的星期例假及法定假日不得再申请不加班，因故不能到工者，应按平时请假办法事先办妥请假手续。

（5）轮班员工既经选定的轮休天数不得增加或减少，不得不休或与他人调换，也不得借用或保留至下月补休，如有特殊情况需要更改，每月休2日者限更改1日，每月休2日以上者限更改2日，并须于前1日下午5点钟前提出申请报主管核准。

（6）轮班人员既经排定的轮休日如因工作需要或特殊情况仍需照常上班，经各部门经理（主任）核准之后，可给星期例假的加班费或当月内指定日期予以补休。

（7）本办法经经理核准后公告实施。

十五、员工出差制度

第一条　经理出差，必须经物流中心主管领导及有关经理同意；其他人员出差，必须经主管经理批准。

第二条　出差要填写"出差申请报告表"。出差报告内容包括：工作任务、往返时间、到达地点。该表按上述审批权限审查批准后交办公室留存。出差人员凭出差报告表填写借款单，并经办公室主任签批后到财务处办理借款手续。

第三条　出差应遵守的事项：

（1）必须按计划前往目的地，无特殊原因必须在规定时间内返回，如有变动需事先请示并获批准。

（2）乘坐火车必须按正常路线，不得无故绕道，出差途中因私事绕道者，需事先请示领导批准，其绕道部分的车船费由本人承担。

（3）乘坐飞机要从严控制，出差路途较远或出差任务紧急的，经领导允许方可乘坐飞机。

第四条　其他各项，如住宿标准、出差标准等，按有关规定执行。按照规定，除经理外，市内不准乘坐出租车，特殊情况（如夜间没有公共汽车等）可酌情处理。

第五条　出差结束，应写出详细的出差汇报送有关领导和处室阅。

第六条　出差回来上班后4天内向财务处办理报销手续。逾期不报者，如无特殊理由，按动用公款处理，财务处有责任检查。报销前须按审批权限经有关领导审核签字。原借款未报账时，一般不再办新借款。

第七条　出差期间，严禁用公费游山玩水、请客送礼，严禁收受礼品，不得请求代购紧俏商品、土特产、优惠商品。对违反者各级领导有责任给以批评教育，所需费用一律由本人承担。

第八条　出差时间不超过7天的不补休，1周以上不超过2周的补休1天，2周以上不超过2个月的补休2~3天。在国家法定节假日出差者，原则上可补休同等天数。

十六、差旅费支付制度

第一条　本制度除适用于本中心正式员工外，还适用于：

（1）顾问（原则上可执行物流中心高级主管的有关规定）。

（2）特约人员（依具体职位确定）。

（3）试用人员。

（4）退休人员（如为处理遗留业务而出差）。

（5）为公司业务而出差的其他人员。

第二条　出差审批：

（1）部门负责人 3 日以上的出差，需经物流中心总经理批准。参加会议不在此限。

（2）一般员工出差，需经直属部门主管批准，并上报相关部门。

第三条　出差报告原则上应包括以下内容：

（1）出差地、日程和所到单位。

（2）出差处理事项。

（3）出差条件及意见。

第四条　乘坐飞机出差，必须在出差申请书上明确说明。

第五条　在下列情况下，可购买火车卧铺票出差：

（1）同行者购买卧铺票。

（2）出差途中患病。

购买卧铺票时不支付住宿费。

第六条　原则上长距离出差可乘坐快速列车。

第七条　差旅费超支是指：

（1）超出差旅费基准的规定。

（2）实际费用超支。

第八条　特例出差是指按照出差地单位的习惯，由对方提供住宿条件或提供住宿费者。

第九条 对长期滞留出差的处理是：在同一地区连续滞留 10 日以上时，超过日数减付 10% 的出差补贴和住宿费合计额。

第十条 出差出发时间为上午，出差归来时间为下午时，支付当日全额差旅费。计算依据为交通工具票据。

第十一条 交通费按审定路线实报实销。

第十二条 休息日在外地出差时，公司发给 2 天的休息出差补贴。

第十三条 差旅费预支和结算手续：

（1）凡预支差旅费者，需填写预支单并经部门经理和主管到总经理签字。

（2）超出预支额部分，凭有关凭证报账结算。

（3）特殊情况需经财务主管批准，凭出差日报领取和结算。

第十四条 当出差者在同一城市出差，或公司认为没有必要时，不向其支付补助。

第十五条 申请赴任补助时，必须通过直属部门主管向总务部门申请。如家属同行，亦可通过同样手续申请家属补贴和家庭财产转移补贴。后者按实际费用报销。

第十六条 近距离出差的支付办法是区分经常出差者和非经常出差者，按实际出差时间（分为 4~6 小时、6~8 小时和 8 小时以上三档）分别支付不同数额的出差费。

第十七条 经常出差的人员：

（1）推销员。

（2）宣传人员。

（3）其他特殊人员。

十七、外务人员待遇办法

1. 本中心外务人员的待遇除另有规定者外，须依本办法办理。

2．本中心外务人员销售商品（包括免税交易）时，其实绩计算除另有规定者外，须依货款兑现为准，依其实售价核算。有下列情形之一者不予核算实绩：

（1）凡实售价低于最低价而未经请示核准者。

（2）货款兑现期间过长而未经请示核准者。

（3）售予同行转售者。

3．本中心外务人员每月实绩计算自每月 1 日开始，至该月底截止。

4．本中心外务人员的待遇包括：

（1）本薪。

（2）车辆津贴。

（3）交际津贴。

（4）成交奖金。

（5）职级加给。

（6）绩效奖金。

（7）年终奖金。

5．本薪。

（1）本中心新进外务人员初任训练期间，按日支薪 90 元整，不另发给任何津贴。训练以 15 天为限，自受训完毕开始推销之日（即报到的第 16 天）起 2 个月内为试用期间，试用期间本薪一律核定为 2600 元。

（2）试用外务人员于试用 2 个月内，其实绩总额达到 12 万元以上者（或经单位主管准予试用 3 个月，其在 3 个月内实绩总额达到 18 万元以上者），由该单位主管签报所属副总经理核准，自达到上述标准实绩的次日起即予正式任用，并自核准生效日所属月份的次月 1 日起，依正式外务人员本薪标准支给。

（3）本中心正式任用的外务人员，其当月本薪视上月与本月实绩总额平均数依表一标准核定；上月及本月实绩总额平均数超过 30 万元时，每增加 1 万元增加本薪 200 元整。

（4）正式外务人员，其上月与本月的实绩总额在 12 万元以下者，即停止任用，惟经单位主管推荐执行副总经理核准继续留用者，得改依试用人员任用，其本薪比照试用人员 2600 元支给。

（5）正式外务人员，任职期间参加脱产培训，期间在一个月以内者，其实绩计算可扣除公假天数换算。

（6）试用外务人员于初任训练及试用期间，因事请假，不论期间长短，一律不予发给薪资，其试用时间依请假天数相应延长。

表一　外务人员薪资表

单位：元

上月及本月实绩总额平均数	当月本薪核定
6 万以下	比照试用外务员支给
6 万以上	2000
8 万以上	2200
10 万以上	2400
12 万以上	2600
14 万以上	2800
16 万以上	3200
18 万以上	3600
20 万以上	4000
22 万以上	4400
24 万以上	4800
26 万以上	5200
28 万以上	5600
30 万以上	6000

6. 车辆津贴。

本中心试用外务人员及正式外务人员自备车辆者，依其实际外出推销的日数核实给予车辆津贴及燃料费，其金额依车辆汽缸的大小规定如下：

（1）摩托车。

摩托车津贴：

50 毫升以下：每月津贴 600 元。

100 毫升以上：每月津贴 1000 元。

150 毫升以上：每月津贴 1500 元。

摩托车燃料费：

依石油公司单据实报实销，例假日非加班加油或单据上未打上牌照号码者不得报支。

（2）汽车。

汽车津贴：

1200 毫升以下：每月津贴 2000 元。

1200 毫升以上：每月津贴 3000 元。

汽车燃料费：

依石油公司单据实报实销，每月费用报支累计额不得超过 1200 元（超过 1200 元者以 1200 元计算），单据上未打上牌照号码者不得报支。

7. 本中心试用外务人员及正式外务人员交际津贴每月 150 元，依实际外出推销的日数核实发给。

8. 成交奖金。

（1）本中心正式外务人员成交奖金系依其每月所销售商品实售价与最低价的比率、货款兑现期间的长短（自商品开立发票后的次日起算）按公司相关比率与实售价的乘积核算。

（2）本中心试用外务人员于试用的 2 个月内，其各笔交易的实绩依核算日期的先后累计满 12 万元时（或试用 3 个月内实绩满 18 万元时），可自实绩达到上述标准的次一笔交易（如累计额超过上述标准时，可就其超过部分按比率依最后一笔交易的成交奖金换算成交奖金）依表二所列相关比率与实售价的乘积核发成交奖金。

（3）凡销售商品时连带估回旧价的交易，其实售价按公司净收额为准。

（4）若货款系分为数次收回或一次收到不同到期日的票据者，则其货款兑现期间系指平均到期日或最后尾款到期日，超过 1 个月的交易应事先请示单位主管，超过 2 个月的交易应事先请示副总经理核准，超过 3 个月一律不予核算成交奖金。

（5）实售价在最低价以上时，其售价比率一律依 100% 核计成交奖金。

（6）免税交易应待订妥合约并取得客户的委托书后始得开立发票，并于货款兑现时先行依实售价核发二分之一的成交奖金，仅取得免税证明后，再予核算其余二分之一，惟免税令虽已取得，但因超过合约规定期限，致无法抵交关税亦无法向客户取得赔偿者，不再核算其余二分之一的成交奖金。

（7）本公司各商品的最低价另订。凡销售当时未列有最低价的商品不论是否由公司进口，其最低价须由总经理核定。

（8）实售价如在最低价以下，应经事先请示核准，未经事先请示核准者其成交奖金不予核发，因其而使本中心遭受损失的，应由经办人员负责赔偿全部损失。

（9）为配合特殊商品的销售、特殊市场的开发或特殊方式交易，其成交奖金的核算方法得另行公布或由总经理个案评定。

（10）成交奖金的发给日期为货款收回（现金或票据）月份的次月 10 日，惟所隶属的单位（部、分公司）当月月底未收款余额占当月与上月销售平均额 50% 以上者，则该月份其成交奖金的发给日期需等货款全部兑现日所属月份的次月 10 日发给。

9. 职级加给。

（1）本中心正式开始任用的外务人员，其职级一律核定为第一级，服务满半年以上者，可参加年终考核晋级，依考绩结果升降如下：

①考绩列 A 等者晋升二级。

②考绩列 B 等者晋升一级。

③考绩列 C 等者保留原级。

④考绩列 D 等者应降一级。

⑤考绩列 E 等者应予免职。

（2）职级共分 10 级，依其级别的薪点数，每 1 薪点以 14 元折算，每月发给职级加给。

表二　成交奖金比率表

货款兑现期间 ＼ 售价比率% ＼ 奖金比率%	100	99以上	98以上	97以上	96以上	95以上	94以上	93以上	92以上	91以上
5 天以下	8	7.5	7	6.5	6	5.5	4.5	3.5	2.5	1.5
10 天以下	7.5	7	6.5	6	5.5	5	4	3	2	1
15 天以下	7	6.5	6	5.5	5	4.5	3.5	2.5	1.5	
20 天以下	6.5	6	5.5	5	4.5	4	3	2	1	
25 天以下	6	5.5	5	4.5	4	3.5	2.5	1.5		
30 天以下	5.5	5	4.5	4	3.5	3	2	1		
35 天以下	5	4.5	4	3.5	3	2	1			
40 天以下	4.5	4	3.5	3	2	2.5	1			
45 天以下	4	3.5	3	2.5	2	1.5				
50 天以下	3.5	3	2.5	2	1.5	1				
55 天以下	3	2.5	2	1.5	1					
60 天以下	2.5	2	1.5	1						
65 天以下	2	1.5	1							
70 天以下	1.5	1								
70 天以上	1									

注：本表未列有奖金比率而其情况特殊者，经呈报所属副总经理核准，其成交奖金比可按1%核算，未经请示核准者不发给成交奖金。

表三　职级加给表

级别	10	9	8	7	6	5	4	3	2	1
职级另给薪点	128	107	96	83	70	55	40	20	0	

10. 绩效奖金第 10 级以后可比照第 10 级与第 9 级的增加幅度酌情递增。

（1）凡本中心正式外务人员，可依其所隶属单位（如遇人事异动时，应以异动后所隶属单位为准）每月的经营绩效竞赛成绩，按《经营绩效奖金发放办法》规定以 5 个基点作为计算标准参与绩效奖金分配。

（2）试用外务人员不论其于月内的任何一天升任正式外务人员，均可参与绩效奖金分配。

11. 年终奖金。

本公司正式外务人员年终奖金依下列标准发给：

（1）服务 3 个月者，发给 1/4 个月薪额的奖金。

（2）服务满半年者，发给 1/2 个月薪额的奖金。

（3）服务满 9 个月者，发给 3/4 个月薪额的奖金。

（4）服务满 1 年者，发给 1 个月薪额的奖金。

（5）试用外务人员或服务未满 3 个月者，不发给年终奖金。

12. 凡本中心试用外务人员连续 2 个月实绩总额不足 10 万元（或 3 个月未达 15 万元）者，除因情形特殊经单位主管签报所属副总经理核准留用外，应予停止试用。

13. 销售人员应负责收回全部货款。遇倒账致收回票据未能如期兑现时，经办人应负责赔偿售价或损失的 50%（所售对象为私人时，经办人应负责赔偿售价或损失的 100%）。但收回的票据若因非统一发票抬头、客户正式背书而未能如期兑现，或交货尚未收回货款，或产品尚在试用中，或不按物流中心作业、手续不全者，经办人应负责赔偿售价或损失的 100%；经主管签证者，该主管应负连带责任，赔偿售价或损失的 10%，其主办人应负责赔偿售价或损失的 90%。产品遗失时，经办人员应负责赔偿底价的 100%（以上所称的售价如高于最低价时，以最低价计算）。上述赔偿应于发生后即行签报，若经办人于事后追回产品或货款，应悉数交回物流中心，再由物流中心就其原先赔偿的金额依比例发还。

14. 本办法如有未尽事宜，得由业务部修订并呈董事长核准公布。

十八、员工奖励办法

（一）总　　则

第一条　目的。

凡本公司员工长期努力于业务，或从事有益于本公司的发明及改进，或具有特殊功绩者，均依照本办法给予奖励。

第二条　种类。

本办法规定之奖励，分服务年资奖、创造奖、功绩奖、全勤奖 4 种。

第三条　服务年资奖。

员工服务年资满 10 年、20 年及 30 年，且其服务成绩及操行均属优良者，分别给予服务 10 年奖、服务 20 年奖及服务 30 年奖。

第四条　创造奖。

员工符合下列条件之一者，经审查合格后给予创造奖。

（1）开拓新业务，对本公司有特殊贡献者。

（2）从事有益于业务发展的发明或改进，对节省经费、提高效率或对经营合理化的其他方面具有贡献者。

（3）根据"其他奖励"屡次接受奖励，其工作成绩显著者。

（4）在独创性方面虽未达到发明的程度，但在生产技术等业务上确实做出了特殊努力，因而对本公司具有重大贡献者。

（5）前列各款至少应观察 6 个月以上之实绩，经判断确实具有效果者方属有效。

第五条　功绩奖。

员工符合下列条件之一者，经审查后给予功绩奖。

（1）做出对本中心有显著贡献的特殊行为者。

（2）对提高本中心的声誉具有特殊功绩者。

（3）对本公司的损害能防患于未然者。

（4）遇非常事变如灾害事故等，能随机应变，措施得当，具有功绩者。

（5）冒险救难，救护物流中心财产及人员于危难者。

（6）具有其他足以为本中心楷模有益于物流中心及员工的善行者。

（7）根据"其他奖励"屡次接受奖励或其功绩经重新评定应属更高者。

第六条　全勤奖。

员工连续 3 年未请病、事假或未有迟到早退者，经审查后给予全勤奖。

（二）奖励方式

第七条　奖励方式。

奖励方式分奖金、奖状及奖品 3 种。

第八条　奖金及奖状。

对创造奖及功绩奖，按下列等级发给奖金及奖状。

（1）创造奖。

一等	10000 元
二等	7000 元
三等	5000 元
四等	3000 元
五等	1000 元

（2）功绩奖。

一等	3000 元
二等	2000 元

三等　　　　　　　　　1000 元

第九条　奖品。

对服务年资奖发给奖品及奖状，奖品内容另订。

第十条　再奖励。

员工有下列情形之一者，给予再奖励。

（1）根据第四条接受奖励后，其效果被评定为更高时，或同一人对同一事项再施予改良时。

（2）根据"其他奖励"接受奖励后，其效果或功绩被评定为更高时，或同一人对同一事项再施予改进时。

（3）根据第五条接受奖励后，其功绩经重新评定为更高时。

再奖励的审查与第四条或第五条相同，唯其奖金数额为复审所定奖金与原发奖金之差额。

第十一条　2 人以上共同获得一项奖。

奖励事项如为 2 人以上合作完成者，其奖金按参加人数平均分配。

（三）颁　　奖

第十二条　审查手续。

应奖励事项，由主管部（室）经理依据有关文件向总务经理申请。

第十三条　员工奖励审查委员会。

奖励种类及等级评定，由员工奖励审查委员会负责办理。审查委员会由副总经理担任主任委员，企划经理、总务经理、业务经理、财务副理、事务经理及副理担任委员。总务部为主办单位。

第十四条　奖励的核定及颁发。

由总经理室决定奖励的核定及颁发。

第十五条　颁奖日期。

颁奖仪式原则上于本中心成立纪念日举行，每年 1 次。

（四）附　　则

第十六条　本办法经董事会通过后公告实施，修改时亦同。

十九、员工培训制度

1. 员工培训的原则

（1）理论与实际相结合。在搞好员工专业技能等实践方面的培训后，不能忽视提高其理论水平的培训。

（2）因人而异，因材施教。

（3）近期目标与长远目标相结合。

2. 培训目的

（1）提高员工队伍素质和企业管理水平。

（2）挖掘企业潜力，提高经济效益。

3. 组织领导与任务

在党委、总经理室领导下，劳动人事部负责具体培训工作的实施。

其培训任务为：

（1）各类专业技术人员业务培训教育的组织与考核。

（2）各级行政管理人员的培训教育与考核。

（3）新员工岗前培训教育与考核。

（4）干部任职前的培训教育与考核。

（5）特殊专业外出学习、取证工作管理。

（6）其他临时性培训任务。

4. 培训内容

（1）政策、法规教育。

（2）专业技术理论、知识技能和本岗实际操作的学习和训练。

（3）管理理论、知识、工作方法及相关的业务知识学习。

（4）其他专项教育内容。

5. 培训方式

（1）长期脱产培训（3个月以上）。

（2）短期脱产培训。

（3）业余培训。

6. 审批程序

（1）本中心应严格控制长期脱产培训人员，确因工作需要，必须填写外出培训审批表，经主管经理批准，劳动人事部备案。

（2）主要用于上岗前的短期脱产培训，由劳动人事部与主管经理协商后实施。

（3）业余接受学历教育，企业不负担各项支出。培训人员需在劳动人事部备案。

7. 培训期间的待遇

（1）长期脱产培训人员的学费由企业负担，其工资、福利不变，但学习期间不享受奖金。

（2）短期脱产培训人员的待遇同在职员工。

（3）未经批准利用工作时间外出学习的人员，一律按旷工处理。

8. 培训档案与合格证书

（1）劳动人事部应建立员工培训档案，为员工的晋升、使用提供参考依据。

（2）参加培训的人员，经考核合格者发给合格证书，不合格者按物流中心劳动管理的有关制度执行。

第二节　行政人事管理表格

二十、职员奖惩月报表

受奖惩者			奖惩方式	奖惩原因	奖惩日期
姓名	性别	服务部门			

单位主管：____　　主办人员：____　　制表：____　　____年___月___日填

填表说明：

（1）各单位依照权责划分办法在授权范围内对所属职员有奖惩时，应于每月终汇总填写本表上式两份，分送总管理处人事处及主管单位备查，当月内如无奖惩事项，亦应填送此表，并于"奖惩原因"栏内注明"无奖惩"字样。

（2）"奖惩方式"栏应按单位主管核定的奖惩办法填入，如"书面嘉奖"、"记功一次"、"书面申诫"、"记过一次"等。

（3）"奖惩原因"一栏叙述宜简明扼要，说明时间、地点、事件及有关人员的责任等。

（4）本表由各单位依式自行印制备用，纸张大小一律以 A4 为准。

二十一、公司职员签到簿

　　　　　　　　　　　　　　　　　___月___日至___月___日

部门	姓名	月　日		月　日		月　日		月　日		月　日		月　日	
		上班	下班	上班	下班	上班	下班	上班	下班	上班	下班	上班	下班

　　总经理：_____　　经理：_____　　经办：_____

二十二、面试结果推荐书

姓名			日期	
外文知识	会话			
	书写			
智力水平				
专业知识				
创造性思维				
性格特征				
面试小组评语				
推荐书				
□录用			职位	
			级别	薪金等级
□待用				
□辞谢				
赞成此意见者（面试小组成员）签名：				
送达部门及主管：A　　　B　　　C				

第二章　总务、财务管理制度与表格

第一节　总务、财务管理制度

一、办公物品管理制度

第一条　行政管理部负责物流中心办公用品、办公设备、低值易耗品、通信设备的采购、保管与发放。计算机及附属设备的购置与管理由信息管理部设专人负责。

第二条　物流中心各部门将所需办公用品提前半个月报至行政管理部，行政管理部根据实际用量和库存情况制定购置计划，经总经理批准后购置。

第三条　特需办公用品、低值易耗品和通信设备，须经主管副总经理批准，由行政管理部负责购置，然后记入备品保管账目。

第四条　备品采取定期发放办法，每月 1 日和 15 日办理，其他时间不予办理。

第五条　备品仓库设专人负责。备品入库需根据入库单严格检查品种、数量、质量、规格、单价是否与进货相符，按手续验收入库，登记上账。未办入库手续者，财务一律不予报销。

第六条　备品保管应坚持"三清、两齐、三一致"，即材料清、账目清、数量清，摆放整齐、库房整齐，账、卡、物一致，并做到日清月结。

　　第七条　做好出库管理。在日清月结的基础上，月末对所有单据按部门做统计，及时转到财务部结算。

　　第八条　各部门应设立耐用办公用品档案卡，由行政管理部定期检查使用情况，如非正常损坏或丢失，由当事人赔偿。

　　第九条　行政管理部负责收回物流中心调离人员的办公用品和物品。

　　第十条　行政管理部应建立物流中心固定资产总账，对每件物品进行编号，每年进行一次普查。

二、办公用品管理规定

（一）办公物品的购买

　　第一条　为了控制用品规格及节约经费开支，所有办公用品的购买都应由办公用品管理员统一负责。

　　第二条　办公用品管理员根据办公用品库存情况及消耗水平，向办公用品管理室经理报告，确定订购数量。如果办公印刷制品需要调整格式，或者未来某种办公用品的需要量将发生变化，也一并向管理室经理提出。

　　调整印刷制品格式，必须由使用部门以书面形式提出正式申请，经企划部门审核确定大致的规格、纸张质地与数量，然后到专门商店采购，选购价格合适、格式相近的印刷制品。

　　第三条　办公用品库存不多或者有关部门有特殊需求时，按照成本最小原则，选择直接去商店购买或者订购的方式购买。

　　第四条　各部门申请办公用品时，如果其中包含有需要订购的办公用品，则须另填一份订购单，经办公用品管理部门确认后直接向有关商店订购。

　　办公用品管理部门必须依据订购单填写订购进度控制卡，卡中应写明订购日期、订购数量、单价以及向哪个商店订购等。

　　第五条　办公用品管理部门应按订购单以及订购进度控制卡检查所订购办公

用品，以及在预定日期送到与否。

　　第六条　所订购的办公用品送到后，办公用品管理部门应按送货单进行验收，核对品种、规格、数量与质量，确保没有问题后，在送货单上加盖印章表示收到。然后在订购进度控制卡上做好登记，写明到货日期、数量等。

　　第七条　办公用品管理部门收到办公用品并验收后，对照订货单与订购进度控制卡开具支付传票，经主管签字盖章并做好登记，转交出纳室负责支付或结算。

　　第八条　办公用品原则上由总公司统一采购分发给各个部门。如有特殊情况，允许各部门在提出办公用品购买申请书并获准后就近采购。办公用品管理部门有权进行审核，并且把审核结果连同申请书一起交监督检查部门保存，以作为日后使用情况报告书的审核与检查依据。

（二）办公用品的申请、分发领用及报废处理

　　第九条　各部门的办公用品申请书必须一式两份，写明所要物品、数量与单价。

　　第十条　办公用品分发程序：

　　（1）接到各部门的申请书（两份）之后，有关人员要进行核对，并在申请受理册上做好登记，写上申请日期、申请部门、用品规格与名称以及数量，然后再填写一份用品分发传票给发送室。

　　（2）发送室进行核对后，把申请的全部用品备齐，分发给申请部门。

　　（3）用品分发后要做好登记，写明分发日期、品名与数量等。一份申请书连同用品发出通知书转交办公用品管理室记账存档；另一份作为用品分发通知，连同分发物品一起返回申请部门。

　　第十一条　对决定报废的办公用品要做好登记，在报废处理册上写清用品名称、价格、数量及报废处理的其他有关事项。

（三）　办公用品的保管

第十二条　所有入库办公用品都必须一一填写台账（卡片）。

第十三条　办公用品管理部门必须清楚地掌握办公用品库存情况，经常整理与清扫库房，必要时采取防虫等保全措施。

第十四条　办公用品仓库一年盘点 2 次（6 月与 12 月）。盘点工作由管理室主任负责。盘点要求做到账物一致，如果不一致，必须查找原因，然后调整台账，使两者一致。

第十五条　印刷制品与各种用纸的管理以盘存的台账为基准，随时记录领用数量并进行加减计算出余量。一批消耗品用完，应立即写报告递交办公用品管理室主任。

第十六条　办公用品管理部门必须对物流中心各部门所拥有的办公日用低值易耗品，主要指各种用纸与印刷制品做出调查。调查方式是每月 5 日对前一月领用量、使用量以及余量（未用量）做出统计向上报告。办公用品管理室对报告进行核对，检查各部门所统计的数据是否与仓库的各部门领用台账中的记录相一致，最后把报告分部门进行编辑保存。

（四）　对办公用品使用的监督与调查

第十七条　对物流中心各部门进行监督调查的内容包括：

（1）核对用品领用传票与用品台账。

（2）核对用品申请书与实际使用情况。

（3）核对用品领用台账与实际用品台账。

第十八条　对办公用品管理情况的监督和调查：

（1）核对收支传票与用品实物台账。

（2）核对支付传票与送货单据。

三、办公消耗品管理规定

第一条　物流中心为加强对办公消耗品的管理，特制订本规定。

第二条　办公消耗品是指文具、纸张、账本及其他印刷物品。

第三条　办公消耗品一年的消耗限额为×万元，各部门及有关人员必须节约使用，避免浪费。

第四条　办公消耗品的购买与管理由总务部负责，下设保管员处理领用事务。

第五条　总务部必须把握正常情况下消耗品每月的平均消耗量，以及各种消耗品的市场价格、消耗品的最佳采购日期。在此基础上，确定采购量与采购时间，以最小的采购量满足日常运营对消耗品的基本需求。

第六条　对于特殊场合所用的特殊办公用品，使用部门必须先提出书面申请，总务部据此进行必要的调查后决定是否准予采购。如果一次采购价格总额超过×万元，须经该部门主管同意，必要时请示总经理。

第七条　在定制各种账票时，如果需要改动原格式或者重新设计新格式，使用部门主管必须起草正式文件或方案送至总务部，并附上委托订制或订购申请单。之后，总务部在其责权范围内审核新格式、订购数量是否合适，新格式的适用性与时效性等。审核通过后，还必须就是由本公司自行复制或复印还是委托外部进行印刷等问题与申请部门进一步协商。

第八条　向总务部领取办公消耗品时，必须填写申请书，写明申请时间、使用场所（部门名称）以及物品名称与数量。同时，申请者及其部门主管必须加盖印章或签字。另外，特殊办公消耗品的申请必须填写用途。

第九条　局部使用或特殊用途的账簿、传票的订购与领用，统一由总务部调控与管理。使用部门或申请者必须按规定程序提出申请。

第十条　总务部必须在填写办公消耗品购进登记簿的基础上，对照申请采购传票，每月末进行统计并向总经理作出报告。

四、长途电话管理办法

第一条 为使电话发挥最大效力并节省话费，特制订本办法。

第二条 电话由管理部统一负责管理，各部门主管负责监督与控制使用。

第三条 电话使用规范：

（1）每次通话时间以 3 分钟为限。

（2）通话前应对通话内容稍加构思或拟出提纲，以使讲话简明扼要，避免耗时占线、浪费资金。

（3）注重礼貌，体现公司员工良好的文化素养和精神风貌。

第四条 长途电话使用规范：

（1）各种外线电话均须配置专用长途电话记录表（具体表格略），并逐次记录使用人、受话人、起止时间、联络事项及交涉结果。该表每月末转管理部主管审阅。

（2）长途电话限主管以上人员使用。

（3）其他人员使用长途电话需经主管批准。

（4）禁止因私拨打长途电话。

第五条 违反长途电话使用管理办法或未登记和记载不实者，将视情节轻重给以批评或处分。

五、网络使用管理规定

第一条 物流中心网络资源是公司用于工作目的的投资。为规范物流中心网络的管理，确保网络资源高效安全地用于工作，特制订本规定。

第二条 本规定涉及的网络范围包括物流中心各办公地点的局域网、办公地点之间的广域连接、物流中心各片区和办事处广域网、移动网络接入、Internet

出口以及网络上提供的各类服务，如 Internet 电子邮件、代理服务、Notes 办公平台等。

第三条 管理工程部作为物流中心网络的规划、设计、建设和管理部门，有权对物流中心网络运行情况进行监管和控制。知识产权室有权对物流中心网络上的信息进行检查和备案，任何引入与发出的邮件，都有可能被备份审查。

第四条 网络使用规定：

（1）任何人不允许在网络上从事与工作无关的事情，不允许任何与工作无关的信息出现在网络上。

（2）公司网络结构由管理工程部统一规划建设并负责管理维护，任何部门和个人不得私自更改网络结构，办公室如需安装集成器等，必须事先与网络管理员取得联系。个人计算机及实验环境设备等所用 IP 地址，必须按所在地点网络管理员指定的方式设置，不可擅自改动。

（3）严禁任何人以任何手段蓄意破坏物流中心网络的正常运行，或窃取物流中心网上的保护信息。

（4）物流中心网上服务如 DNS、DHCP、WINS 等由管理工程部统一规划，任何部门和个人不得在网上擅自设置该类服务。

（5）为确保广域网的正常运行，禁止通过各种方式，包括利用邮件、FIP、Win2000 共享等在广域网中传送超大文件。

（6）严禁任何部门和个人在网上私自设立 BBS、NEWS、个人主页、WWW 站点、FIP 站点及各种文件服务器。非工作需要，严禁在物流中心网络上玩任何形式的网络游戏、浏览图片、欣赏音乐等。

（7）任何部门和个人都应高度重视物流中心技术秘密和商业秘密的保护，对于需要上网的各类保密信息，必须保证有严密的授权控制。

（8）物流中心禁止任何个人私自订阅电子杂志，因工作需要的电子杂志，经审批后由图书馆集中订阅和管理。

第五条 违反网络使用规定的处罚：

（1）对于蓄意破坏网络正常运行、蓄意窃取网上秘密信息的个人，做辞退处理，并依法追究其法律责任。

（2）对于在物流中心网上散布淫秽的、破坏社会秩序的言论的个人，做辞退处理，情节严重者移交司法机关处理。

（3）对于私自设立 BBS、NEWS、个人主页、WWW 站点、FTP 站点等各种形式网络服务的责任人，或玩网络游戏的个人，第一次发现降薪一级，第二次发现降职，第三次做辞退处理。

（4）各种工作用文件服务器的申请均需经系统主管审核，由管理工程部批准，擅自申请者将受到降薪一级的处罚。

（5）对于在网上设立各种形式的网络游戏服务的责任人，给予降薪一级直至辞退的处罚。

（6）对于由管理不善引起物流中心秘密泄露的责任人，给予罚款、降薪、降职等处罚。

（7）对于私自更改网络结构，私自设置 DNS、WINS 等服务的责任人，给予罚款、降薪等处罚。

（8）任何员工发送与工作无关的电子邮件，将给予降薪、降职及至辞退的处罚。有意接收与工作无关的邮件，每次罚款 100～500 元。

（9）员工通过物流中心网络查阅与工作无关的内容，发生一次降薪一级。员工因工作需要可通过图书馆的网络查阅。

（10）员工有其他任何利用网络资源从事与工作无关的活动的，给予其罚款、降薪等处罚。

（11）任何部门未经许可都不得在网上挂任何应用系统。

第六条 本规定自×××年×月×日起生效。从即日起至×××年×月×日为整改时间。

六、复印机使用规定

第一条 复印文件资料要办理登记审批手续，详细填写复印时间、保密等级、复印份数，经物流中心办公室主任批准签字后送打字室复印。

第二条 为确保物流中心复印机的安全运转，每天下午 5 时关机，过时送来的文件将延至次日复印；有急件复印，经办公室主任批准后方可临时开机。

第三条 不得擅自使用物流中心复印机复印机密文件和个人材料。复印机密文件需经物流中心领导批准。

第四条 复印机由专人保管使用，其他人员非经允许不得自行开机。

第五条 本规定亦适用于各部门所属复印机的管理。

七、工作服管理制度

工作服是反映物流中心整体形象及员工精神面貌的重要标志，因此，有必要加强工作服的管理。

（1）行政部负责联系工作服的选料制作、发放与保管。

（2）为防止冒领和丢失，发放工作服时要手续齐全，填制领存卡。

（3）员工领用的工作服由个人保管。要保持其整洁、完好，不得私自改制式样、装饰。

（4）员工工作服由物流中心按规定时间统一清洗。办公室人员每季洗一次，一线员工 2 个月洗一次。

（5）员工内部调动，经劳动人事部审批后领用新岗位工作服。

（6）因个人原因损坏工作服，照价赔偿后方可补领新工作服。

（7）员工调出物流中心，按一定标准折价收款，工作服不再收回。

八、备品供应与保管规则

第一条 为使物流中心备品供应及保管工作富有成效，特制定本规则。

第二条 本规则所指备品，包括价值在×千元以上，耐用年限在一年以上的固定资产，以及价值在×百元以上，耐用年限一年以上的日常用品。

第三条　备品分类：

（1）固定资产：

①日常用备品。

②作业用备品。

③日常用计量器具。

④作业用计量器具。

（2）易耗品：

①事务用备品。

②作业用备品。

③事务用计量器具。

④作业用计量器具。

第四条　物流中心的备品管理由总务部主管。管理原则如下：

（1）主管部应就备品管理上的必要事项做出指示，并提供备品管理的方法、实施方案以及相应的资料。

（2）主管部应保证备品供应，对备品进行有效保管、供应、出借、整修与报废处理等。

第五条　备品保管部经理有权任命专职人员，负责备品的出纳保管事务。在任命专职保管人员时，必须通知主管部。

第六条　保管部负责以下工作：

（1）申报采购预算。

（2）制订备品供应方式。

（3）掌握现存备品的名称、数量、磨损或完好程度。

（4）申请备品的更新改造以及改变备品的用途。

（5）备品供应或借出通知。

（6）申报备品的修理、破损与丢失情况。

（7）申报备品闲置与废弃情况。

（8）报告库存盘点结果。

第七条　主管部必须建立备品台账，并记录以下内容：

（1）备品名称。

（2）型号、尺寸与规格。

（3）购入价格。

（4）购入时间。

（5）用途（分类）。

（6）保管（使用）部名称。

（7）分类编号。

（8）登记编号。

（9）如果是计量器具，则予以注明，并标示其功能与作用。

（10）如果是固定资产，则注明是否进入固定资产管理账户。

（11）其他必要事项。

第八条　对购进的备品，主管部要进行登记，并填写"备品保管传票"，然后把保管传票转交保管部。

第九条　保管部须对备品进行分类，贴上标签，写上分类编号与登记编号。

第十条　保管部向其他部门供应或转移备品时，"备品保管传票"必须交回主管部；主管部在台账及保管传票上填写使用部门名称、日期以及必要的事项后，把保管传票移交给使用部门。

第十一条　备品可以"出借"方式使用。借用者必须出具借用证，借用证由主管部负责填写，其上记录下列内容：

（1）借用者住址与姓名。

（2）备品名称以及分类编号与登记编号。

（3）数量。

（4）借出日期。

（5）借出期限与出借条件。

第十二条　保管部回收闲置的物品时，须请示主管部，并在回收后将保管传票交主管部存档。

第十三条　如备品已无法使用，可向主管部申请做报废处理，并在保管传票上注明理由与意见上报主管部。

主管部经过调查决定报废后，在台账上做好记录，销毁报废备品的保管传票。如果属于固定资产账目中的备品，其报废处理必须按有关规定和程序办理。

第十四条 修理后的备品必须由主管部在台账上做好记录，写明修理日期、修理项目等。如果一次修理费预算超过×百元，必须按禀议程序办理，报上级主管批准。

第十五条 保管部必须按期核对所保管备品的账物，出现异常情况，应立即向主管部报告。

第十六条 凡属于故意或者因重大过失造成物品损坏或丢失者，必须追究个人责任，并做出部分或全部赔偿。

九、废旧包装物品回收管理制度

废旧包装物品的回收需遵循以下规定：

（1）凡属废旧包装物品，均由物流中心行政部统一回收，各部门不得自行对外处理。

（2）物流中心各部门在拆箱或开包时，要尽量保持包装物完好，指定专人负责。废旧包装物品应及时送到行政部指定的存放地点。

（3）行政部要设专人管理回收的废旧包装物品。回收的包装物要按类型、规格码放整齐，必要时要进行加工处理，做好防火、防雨工作，并及时联系回收单位。

（4）对外处理废旧包装物品要坚持尽可能增加收益的原则。

（5）回收工作做得好的单位，由行政部报请物流中心，对其进行表扬和奖励。

（6）回收工作中，行政部与各部门都要做好登记工作。

十、资金预算制度

第一条 目的及依据。

为提高物流中心经营绩效及配合财务部统筹灵活运用资金，以充分发挥其经济效用，各单位除应按年编制年度资金预算外，还应逐月编列资金预算表，以便达成资金运用的最高效益，特制定本制度。

第二条 资金的范围。

本办法所称资金，系指库存现金、银行存款及随时可变现的有价证券。为定期编表计算及收支运用方便起见，预计资金仅指现金及银行存款，至于随时可变现的有价证券，则归属于资金调度的行列。

第三条 作业期间。

资料提供部门除应于制订年度经营计划时提交年度资金预算外，还应于每月24日前逐月预计次3个月份资金收支资料送财务部，以利汇编。

物流中心财务部应于每月28日前编妥次3个月份资金来源运用预算表，然后按月修订，并于次月15日前编妥上月份实际与预算比较的资金来源运用比较表一式三份，呈总经理核阅后，一份自存，一份留存总经理室，一份送财务部。

第四条 内销收入。

物流中心营业部门依据各种销售条件及收款期限，预计可收（兑）现数编列。

第五条 劳务收入。

物流中心营业部门收受同业产品代为加工，依公司收款条件及合同规定预计可收（兑）现数编列。

第六条 退税收入。

退税部门依据申请退税进度预计可退现数编列。

预计核退营业税虽非实际退现，但能抵缴现金支出，因此可视同退现。

第七条 其他收入。

凡无法直接归属于上项收入的收入，包括财务收入、增资收入等，其数额在

10 万元以上者，均应加以说明。

第八条　资本支出。

土地：依据购地支付计划提供的支付预算数编列。

房屋：依据兴建工程进度预计所需支付资金编列。

设备分期付款、分期缴纳关税等：物流中心会计部依据分期付款偿付日期予以编列。

机构设备、预付工程定金等：工务部、商品部分别依据工程合同及进度、外购 L/C 开立计划预计支付资金编列。

第九条　材料支出。

商品部依请购、采购、结汇作业分别预计内外购商品支付资金编列。

第十条　薪资。

会计部依据产销计划等资料及最近实际发生数，斟酌预计支付资金编列。

第十一条　经常费用。

管理费用：会计部参照以往实际数及管理工作计划编列。

财务费用：会计部依据财务部资金调度情况核算利息支付编列。

外协费用：外协经办部门参照外协厂商约定付款条件等资料，斟酌预计支付数编列。

制造费用：会计部依据生产计划，参考制造费用有关资料及最近实际发生数，斟酌预计支付资金编列。

推销费用：营业部依据营业计划，参照以往月份推销费用占营业额的比例推算编列。

第十二条　其他支出。

凡不属于上列各项的支出都属于"其他支出"，包括偿还长期（分期）借款、股息、红利等的支付。其数额在 10 万元以上者，均应加以说明。

第十三条　异常说明。

各单位应按月编制"资金来源运用比较表"，以了解资金实际运用情况。实际数与预计比较每项差异在 10% 以上者，应由资料提供部门填列"资金差异报告表"列明差异原因，于每月 10 日前送会计部汇编。

第十四条 资金调度。

各部门经营资金由物流中心总经理负责筹划，并由财务部协助筹借调度。

物流中心财务部应于次月 5 日前按月将有关银行贷款额度、可动用资金、定期存款余额等资料编列"银行短期借款明细表"呈总经理核阅，作为经营决策的参考。

商品部应按月根据国内外购货借款数额编列"购货借款月报表"，于当月 24 日送财务部汇总呈核总经理。

第十五条 本制度经总经理核准后实施，修改时亦同。

十一、现金管理制度

为了加强物流中心现金管理，健全现金收付制度，严格执行现金结算纪律，特制定本制度。

1. 财会部门

（1）收付现金必须根据规定的合法凭证办理，不准白条顶款，不准垫支挪用。

（2）库存现金不准超过银行规定的限额，超过限额要当日送存银行。如因特殊原因滞留超额现金过夜的（如待发放的奖金等），必须经单位领导批准，并设专人看守。

（3）库存现金必须每日核对清楚，保持账款相符，如发生长短款问题，要及时向领导汇报，查明原因，按"财产损益处理办法"进行处理，不得擅自将长短款相互抵补。

（4）因公外出或购买物品需借用现金时，出纳人员一律凭领导审批的借条付款。

（5）外地出差人员回来后 3 日内应主动向财会部门报账，如因手续没有办完，可将所剩现金先行交回，7 日内必须办理报销手续。

（6）购买物品所借现金必须当日报账。如因一时购买有困难，次日需向财会部门说明原因，3日内不报账，出纳人员有权收回所借现金。

（7）出纳人员不得擅自将单位现金借给个人或其他单位，不准谎报用途套取现金，不准利用银行账户代其他单位或个人存入或支取现金，不准将单位收入的现金以个人名义存入银行，不准保留账外公款。

（8）商店会计室收到售货员或收款员交来的现金，要经双人清点复核后在缴款单上签字盖章，于当日全部送交银行，不得滞留和坐支；送款要用专车，坚持双人送款制度。

（9）外埠客户购货余款，原则上应退回原单位，不得支付现金或转入其他单位账户。如遇特殊情况，报物流中心财务审计部研究解决。

（10）财会部门收到货场人员交来捡拾的现金，应开收据，转做收益处理。如顾客回来找，如数冲回，退还本人。

（11）保管现金的部位要有安全防范措施，房门要安装保险锁，存放现金要用保险柜，保险柜钥匙要有专人保管。下班要检查窗户、保险柜，房门锁好后方能离开。

2. 收款台、柜台

（1）现金管理。

①物流中心收款员、售货员收到顾客现金时要看清面值，按规定放进钱箱，大面额货款（50元以上）要经验钞机验证，以防假币。

②售货员、收款员捡、拾、应找给顾客的零钱要及时登在备查簿上，单独保管。营业终了后交给物流中心会计室，不得挪作他用。

③因业务需要换零用款时，必须双人经手，交叉复核，防止丢失、短少或发生其他问题。

④当日销货现金必须经双人交叉复核、填写交款清单签字或盖章，双人送交商店会计室，柜台、收款台不得存放现金过夜，以免发生意外事故。

⑤每日业务终了，业务周转金要经双人清点复核后进行封包，注明数额，加封盖章或签字，交商店会计室出纳员统一保管。次日启封时，也要经双人清点，

相符后再使用。

（2）收受支票。

①收受顾客支票、汇票要坚持 3 天后付货的原则，防止收受空头支票或无效支票。

②收到顾客支票时，要审查支票内容有无涂改，是不是在有效期内，大小写数字是不是相符，印鉴是不是清晰。支票应及时交商店会计室送交银行，待银行收妥入账后再付货，以防发生诈骗或冒领。

③建立收受支票登记本，记清签发单位的电话号码及联系人、收款日期、金额，以便发生退票或者其他问题时进行查找。挂失支票不能收，并应追究其来源。

④顾客交现金退现金，交支票退支票，不得以支票换取现金。

⑤物流中心各职能部室及所属各商店处理废旧物品及其他收入的现金，必须送交财会部门转账，经办人员不得长期存放，或以个人名义、互助会名义存入银行。严禁私设小金库。

十二、现金收支管理办法

1. "现金收支旬报表"上的收入金额，是指由物流中心财务部汇入各部门银行账户内的金额，支出金额则仅指各部门的费用。各部门应自行支付的一切费用，包括可控制费用与不可控制费用，均应自财务部汇入的金额中支付。

2. 各单位的可控制费用统一于每月月底前由财务部就下月份各单位的费用概算一次（必要时可分次进行）汇入各部门的银行账户内备支。

3. 各部门的收入款项，除财务部汇入的款项外，物流中心内收回的应收账款（包括现金及支票）一律不得自行挪用。收回的应收账款应依账款管理办法的规定，悉数寄回物流中心财务部。

4. 填写现金收支旬报表应一次复写 2 联，第 1 联于每旬第 1 日（即每月 1日、11 日、21 日）中午以前就上旬收支逐项编制妥，连同费用科目的正式收据或凭单一并呈部门主管签核，限时转送寄送财务部；第2联由各单位自行汇订成册作为费用明细账，并凭以于月底当天填制费用预算分析表。

5. "现金收支旬报表"上的编号系指费用的笔项而言，采用每月连续编号的方式，月内每日编号应相互衔接并连续编至当月月底止，次月一日再行重新编号。

6. 现金收支旬报表上科目栏中"类别"的填写，系指依所发生的各项费用的分属类别，分别以"营"或"服"或"管"等字表示，其性质的区分如下：

（1）营业费用：营业人员（包括营业主任及外务人员）所发生的费用。

（2）服务费用：服务人员（包括服务主任及服务人员）所发生的费用。

（3）管理费用：营业费用及服务费用外所发生的一切费用。

7. 现金收支旬报表上科目栏中的"名称"，系指各项费用的科目名称，其明细如下：

（1）营业费用：即营业人员（包括营业主任及外务员）所发生的下列费用。

①司机人员需要的汽油、机油、过桥费、停车费等。

②营业人员计程车资及营业员因业务之需所付的差旅费。

③营业人员因业务的应酬所支付的费用。

④营业人员所印名片费。

⑤营业人员薪资，包括本薪、机车津贴、交际津贴、成交奖金、各项加给及值班费等。

⑥账款尾数无法收回或倒账公司造成的损失。

（2）服务费用：即服务人员（包括服务主任及服务员）所发生的下列费用。

①司机服务人员所支付的汽油、机油、过桥费、停车费。

②服务人员所支付的计程车资及服务人员因服务需要所支付的差旅费。

③服务人员因服务上的需要所支的交际费。

④服务全体人员所印名片费。

⑤服务人员薪资，包括本薪、机动车津贴、绩效奖金、各项加给及值班费等。

⑥账款尾数无法收回的损失。

⑦单价在 100 元以下的工具费。

（3）管理费用：即营业费用及服务费用外所发生的费用。

①汽油、机油费，汽车修理及保养费等。

②计程车资或差旅费。

③装载货物所支付的运输费用。

④日常所用的文具纸张费。

⑤清洁公司打蜡所支付的费用。

⑥邮寄函件及包裹的邮资。

⑦业务所需的长途电话及市区电话费。

⑧业务上所需拍电报的费用。

⑨电费。

⑩水费。

⑪房屋租金。

⑫刊登招聘启事费等。

⑬订阅报纸杂志所支付的费用。

⑭人员薪资。

⑮业务交际费。

⑯营业印花税。

⑰其他未能列入营业、服务费用等的支出。

8. 上述所列费用项目，会计员应按其性质区分妥善分类报支，不得相互混淆。

9. 各部门全体员工的借支总额在 3000 元以内者，经物流中心主管核准后由库存现金中先行借支，并限于每月 10 日发薪时一次扣回。其借支总额超过 3000 元者，应依权责划分逐笔专案报备核准后，物流中心财务部方可支付。

10. 每月月底当天，物流中心会计员应凭留存的当份该单位现金收支旬报表，依费用类别分别统计其当月各项费用总额，详填于费用预算分析表中呈单位主管，就可控制费用中的各项费用其实际与预算的差异详加分析。

11. 费用预算分析表一式两联，各单位应于每月 3 日前将此表（两联一起）

连同直线单位经营绩效评核表一并寄送物流中心业务部，由业务部查核所填费用数字无误后，即转送物流中心财务部复核，并呈主管副总经理填具总评。费用预算分析表第 1 联由财务部留存，据以分析全场费用差异，第 2 联寄回各单位存查。

12. 费用预算分析表中的"费用率"系指当月费用与营业额的百分比，"本月费用预算"一栏的计算公式如下：

本月服务费用预算＝上月服务费用×（1±本月服务收入成长率）

本月管理费用预算＝上月管理费用×（1±本月营业及服务总收入成长率×20％）

本月营业费用预算＝上月营业费用×（1±本月营业收入成长率）

13. 本办法由财务部呈总经理核准公布后实施，修订时亦同。

十三、固定资产管理制度

为加强物流中心固定资产的管理与核算，保证固定资产安全与合理使用，防止丢失损坏，充分发挥其使用效能，特制定本规定。

1. 固定资产的标准与分类

（1）固定资产是指使用期限超过 1 年以上、单位价值在 2000 元以上并且在使用过程中保持原有物质形态的资产，包括房屋、建筑物、机器设备、运输设备、工具器具等。

（2）企业的固定资产分为两类：经营用固定资产和非经营用固定资产。

①经营用固定资产：用于经营方面的机器、设备、机动车、房屋及其他建筑物设备及管理用具等。

②非经营用固定资产：宿舍、食堂、幼儿园、浴室、医务室。

2. 固定资产的购置和管理

（1）物流中心固定资产实行分级归口管理：行政部负责本中心的房屋、设备；工程部负责机器设备、工具；储运部负责机动车辆和外库。使用单位设财产管理员。

（2）物流中心各职能部门购置固定资产应在年初向物流中心财产管理部门报送计划，经财产管理部门审查汇总后上报物流中心财务审计部进行平衡，经主管经理审批后下达执行。对不可预见的特需购置可临时追加计划，经物流中心主管经理审批同意后方可购置。属控购物品需办理控购手续。

（3）物流中心财产管理部门按计划购置的固定资产，其发票由部门领导和经办人员签字后，填写"固定资产购进单"一式两联，第 1 联入财产明细账，第 2 联连同发票转财务审计部报销并入财产账。

（4）物流中心全部固定资产购置均由财务审计部统一列支，设固定资产金额账及品种数量明细账进行管理。具体财产由行政部、工程部、储运部建立品种数量明细账，并安排使用和管理。商店等使用单位也要建立相应的品种卡片，落实到班组、个人，明确责任，加强管理。

3. 固定资产折旧

（1）固定资产折旧采用平均年限法计算，预计净残值率为固定资产原值的 $3\% \sim 5\%$。其计算公式为：

$$年折旧率 = \frac{原值 - 残值 + 清理费}{预计使用年限 \times 原值} \times 100\%$$

（2）当月新增加的固定资产于次月提折旧，月内减少的固定资产当月照提折旧。账面已提足的固定资产不再计提折旧，按规定需淘汰或准备报废的固定资产经批准报废，其未提足部分可一次补提。其计算公式为：

月折旧率 = 年折旧率 ÷ 12

月折旧额 = 固定资产原值 × 月折旧率

（3）非经营用固定资产要单独进行核算，其折旧计入管理费用。

4. 固定资产的领用和调拨

（1）领用固定资产的部门需填制固定资产领用单一式两联，经行政部或储运部领导审批同意后，第1联由领用单位财产管理员入账，第2联由物流中心财产管理部门入财产明细账。

（2）固定资产需要在中心内调拨时，先由物流中心财产管理部门协调审查后，由调出单位填制固定资产调拨单一式3联，调拨双方及财产管理部门盖章签字后，第1联调入方入账，第2联调出方入账，第3联财产管理部门入账。

（3）固定资产调出物流中心时，先由财产管理部门及财务审计部审查，报主管经理批准后，由调出单位填制固定资产调拨单一式3联，第1联调出单位入账，第2联物流中心财产管理部门入账，第3联财务审计部入账并开具正式资金往来收据。

5. 固定资产清查

（1）财务审计部于每年10月会同财产管理部门对物流中心固定资产进行一次全面清查盘点，做到财务审计部与财产管理部门账账一致，财产管理部门与使用单位账卡一致，账实相符。

（2）固定资产清查采用实地盘点方法并填制固定资产盘存单，发现盘亏、盘盈填制固定资产清查报告单一式3联，经主管经理审批后，第1联由会计按《商品流通企业财务制度》规定处理，第2联财产管理部门入账，第3联使用单位入账。

（3）经管财产的人员调动时，必须进行清查盘点，并填制固定资产盘存单，办理交接手续，交接不清不得离职。

6. 固定资产修理

（1）为了合理分摊修理费用，按《商品流通企业财务制度》规定，物流中心采取预提修理费的办法，即年度按固定资产原值的4%、每月按0.34%预提，由财务审计部统一提取并安排使用。

（2）固定资产发生大小修理的费用均从预提修理费中支出，预提费用不够时，超支部分可据实列入当期成本。

（3）非经营用固定资产的日常维护费用应从房屋租金中列支，不足时，报经财会部门审批后计入管理费用。

7. 固定资产报废

（1）固定资产正常报废时，由使用部门填制固定资产报废单报财务审计部，由财产管理部门会同技术人员进行实物鉴定，查明是否应报废、能否修复或改装使用，如确需报废，则按《商品流通企业财务制度》规定进行报废清理。

（2）保管、使用、维修不当或责任事故造成的固定资产提早报废，根据情节由责任人赔偿部分或全部损失。

（3）固定资产报废单一式3联，第1联使用单位入账，第2联财产管理部门入账，第3联财务审计部入账。

十四、支票管理制度

1. 支票的使用

（1）物流中心采购人员外出采购商品需用支票者，领用时应事先登记，填写收款单位、支票用途、支票号码、预计用款金额等，由经手人在挂支单上签字或盖章。其他人员因工作需要购买物品或支付有关费用需借用支票时，要逐项登记日期、支票号码、款项用途、用款限额，并由借用人签字。财会人员在签发支票时，必须填写日期、抬头、用途和金额大、小写，遇有特殊情况不能确定使用金额时，也必须填写日期、抬头和用途。

（2）借用支票时，财会人员应根据采购人员提出的进货品种、数量，按照采购权限确定资金使用限额。采购人员必须在规定的资金限额内严格掌握使用，遇到特殊情况需要超过使用限额时，要事先与财会人员联系，经财会人员同意后才能使用，否则造成银行"空额"影响用款或发生银行罚款时，由使用人负责。

（3）采购人员采购商品回到物流中心后，应持供货单位发货票按核算组填制挂支单（挂支单必须按规定的内容填写），并于当日进行清理。由于客观原因当日不能挂支时，应及时向财会人员报告实际使用数额，以便其掌握资金情况。

（4）支票使用限额当日有效。如当日未能使用而次日需继续使用时，须由财会人员重新确定限额。

（5）支票开好后，采购人员必须将存根数字和支票票面数字核对相符。支票存根必须按规定填写单位名称、金额、款项用途。

（6）商店财会人员要及时清理挂支，督促营业部门及时转账（本市不得超过 7 天，外埠不得超过 20 天），发现逾期挂支时，要及时查询，发现问题及时上报。

（7）为防止支票丢失或被盗，未用完的支票必须于当日交回物流中心财会部门注销。

2. 支票的管理

（1）空白支票和支票印鉴必须设专人负责保管。支票必须随签发、随盖章，不得事先盖章备用。

（2）财会部门要建立严格的支票管理制度。支票的购买、使用必须指定专人负责，并建立支票登记本，按照支票号码逐一进行登记。对已签发出的支票，要及时催报注销，并定期核对，做到心中有数。发现支票丢失短少，必须及时查找，同时向领导汇报。

（3）物流中心采购人员及有关人员每次借用支票一般不得超过 2 张，特殊情况最多不得超过 5 张。财会部门对借出的支票有权随时督促报账。

（4）借用支票人员对所借支票必须妥善保管，不得随便乱改。保管和签发支票要按规定办理，否则发生支票丢失而使国家和企业财产遭受损失的，要追究当事人的责任，并根据情况赔偿部分或全部经济损失。

（5）借用支票人员一旦发现支票丢失或被盗，应立即查找和向领导汇报，并向财会、保卫部门反映，以便其迅速向银行办理挂失和向公安部门报案。

（6）签发支票时，支票用途项内容要填写真实、齐全，字迹要清晰，不得更改大小写金额，为避免签发空头支票，财会人员应准确控制银行存款余额，及时正确地记载账务，定期与银行对账单进行核对，发现问题及时解决。

（7）严格结算办法，必须做到：

①不准签发空头支票。

②不准签发远期或空期支票。

③不准将支票出租、出借或转让给其他单位和个人使用。

④不准用支票做抵押。

⑤不准签发印鉴不全、不符的支票。

（8）支票使用要求：

①支票使用的金额起点为100元。

②支票的有效期为5天，背书转让地区的转账支票付款期为15天（自签发的次日算起，到期日遇假日顺延）。

③签发支票应使用碳素墨水，未按规定填写而被涂改冒领的，由签发人负责。

④不得更改支票大小写金额和收款人姓名，其他内容如有更改，必须由签发人加盖预留银行印鉴。

（9）过期、作废支票要按号订在原始凭证序号中妥善保管，不准乱扔乱放。

十五、发票管理制度

为加强物流中心发票和资金往来专用发票的管理，结合物流中心具体情况，制定本制度。

第一条　发票和资金往来专用发票的购买。

物流中心所需发票和资金往来专用发票由行政部向税务部门提出申请，编制购买计划，凭税务部门核发的"发票和资金往来专用票购领凭单"到税务部门购买。

第二条 发票和资金往来专用发票的印刷办法。

商店发票和资金往来专用票使用量较大或因经营业务特殊需要需编制使用特定格式和多联发票及资金往来专用发票时，由商店提出计划和方案，交物流中心财务审计部审查后，转行政部向税务部门申请并持税务部门核发的"印刷发票和资金往来专用发票通知书"到指定的印刷厂印刷。

第三条 发票和资金往来专用发票的领取。

各单位所需的发票和资金往来专用发票，统一由商店财会人员到行政部领取，其他人员不得领取。

物流中心行政部应加强对发票和资金往来专用发票的管理，严格执行领用手续，建立发票和资金往来专用发票领用登记簿。

第四条 发票和资金往来专用发票的登记办法。

购买、自印、发出发票时，要核对数量并按号码顺序登记，以便备查。应按季向所在税务部门报送"企业使用发票和资金往来专用发票情况报表"。

物流中心会计室对营业部门使用的发票要核定固定本数，原则上每个营业部门保持一本，用完后以旧发票到会计室换取新发票。

第五条 发票和资金往来专用发票的使用。

发票和收据必须复写，按照号码顺序使用，内容必须填写齐全，抬头如不写单位，应画横线，文字数字必须端正、清楚，开票人必须要签全名。如果发现错开、错写，必须作废，应另开一份，并将作废的一份贴在原存根联上一并保存，同时在作废票上标注"作废"字样或加盖"作废"图章。

营业部已使用完的发票存根，由主任按照发票顺序号码逐号检查是否有空白发票、短联和短号。经主任检查无误后，用旧发票到物流中心会计室办理换取新发票手续，同时在旧发票封面上签字盖章。

第六条 发票和资金往来专用发票的管理办法。

物流中心会计室应责成专人对营业部门的发票领取、使用、保管等情况经常进行检查核对。

物流中心会计室对营业部门交来的旧发票，应按日期、号码归类整理打捆，妥善保管。

发票和资金往来专用发票存根保管期为 5 年。销毁发票存根时必须造册登记，并向所在税务部门提出书面申请，经税务部门批准后方可销毁。

商店营业部门变动时，财会人员和营业部门主任应将未使用和已使用的发票收回，交商店财会人员注销，统一管理。

第七条　个人销售凭证的使用和管理办法。

（1）个人销售凭证的使用和管理，应按照发票的有关规定办理。

（2）个人销售凭证统一由行政部印制，商店财务人员领取、发放，并按照领取的数量、编号顺序进行登记。

（3）个人销售凭证须加强管理，妥善保存，防止丢失。

（4）个人销售凭证是个人购买商品的一种证明，所以不得加盖任何公章。

第八条　增值税专用发票的管理和使用。

（1）对本企业购领的增值税专用发票，应视同现金管理，建立账簿，严格领、发、存手续。

（2）销售给其他单位和个人的物品均不得开具增值税专用发票。一般纳税人到商店购买商品，如需开具专用发票，必须出示盖有一般纳税人认定专用章的税务登记证副本，由商店会计室负责办理。

（3）给购货方填开值税专用发票的注意事项：

①填列单位名称、购销双方的税务登记号。

②交易价格与税款分别填列。

③专用发票"金额"栏是不含税价格，若为含税价格，则应用下列公式换算成不含税价格。

$$不含税价格 = \frac{含税价格}{1 + 增值税率}$$

④"金额"栏与"税额"栏合计必须与"价税合计"栏（大写）相等。

⑤"开户银行"及"账号"栏和购销双方的电话号码也要填写清楚。

（4）厂家开具的增值税专用发票有以下情形之一者不得入账：

①没有填列售货方或购货方增值税纳税人登记号码。

②填列的纳税登记号与购货方或销货方的真实号码不相符。

③单联填写或上下联金额、增值税额等内容不一致。

④交易价格与税款计算有差错。

⑤适用税率与税款计算有差错。

⑥抵扣联没有加盖规定的印章。

第九条　以上制度，采购、合同、物价、财会各个环节都要认真执行，严格把关，不得疏漏。

十六、账单移交及对账制度

账单移交时，应填写"账款移交清表"一式4份，移交人、接收人及核对人均应签名以示负责，其中2份寄交征信科及账款组，接收人除核对账单金额外，还应注意是否经过客户签认。账单千万不可私下移交。

物流中心财务部应随时与客户办理联系或实地对账，以确定业务人员手中账单的真实性。

物流中心财务部可定期如3个月核对业务人员手中的账单一次，或不定期抽查业务人员手中的账单。

物流中心业务部主管及主任应随时核对业务人员手中的账单，并负督促收款及催收责任。

十七、应收票据及应收账款处理准则

第一条　为确保物流中心权益，减少坏账损失，依《国内营业处理办法》第六条规定，特订定本准则。

第二条　物流中心各营业部门应依《国内营业处理办法》第四条规定办妥客户征信调查，并随时了解客户信用的变化（如通过 A 客户调查 B 客户的信用情形），签注于征信调查表相关栏内。

第三条　物流中心营业部门最迟应于出货日起 30 日内收款，惟不锈钢及特殊钢限于同业习惯，可于 55 天内收款。如超过上列期限，总管理处即可依查得资料，就其未收款项详细列表通告各营业部门主管核阅，以督促加强催收。超过 60 天尚未收回其金额在 5 万元以上者，营业部门应立即填列应收账款未收报告表送总管理处。但政府机关、国营事业及民营大企业等订有内部付款程序者，可依其规定。

第四条　赊售货品收受支票时应注意：

（1）发票人有无权限签发支票。

（2）非该商号或本人签发的支票，应要求其交付支票人背书。

（3）检查证明支票有效的绝对必要记载事项，如文字、金额、到期日、发票人盖章等是否齐全。注意所收支票账户与银行往来的期间、金额、退票记录情形等。

（4）支票上的文字是否经过涂改、涂销或变造。

（5）支票记载可更改者是否于更改处加盖原印鉴章，如有背书人时应同时盖章。

（6）注意支票上的文字记载（如禁止背书转让字样）。

（7）注意支票是否已逾期，如有背书人，应注意支票提示日期是否超过本准则第六条的规定。

（8）尽量利用机会通过 A 客户注意 B 客户支票（或客票）的信用。

第五条　物流中心收受的支票提示付款期限，至迟应于到期日后 6 日内办理。

第六条　物流中心收受的支票"到期日"与"兑现日"的计算如下：

（1）本埠支票到期日当日兑现。

（2）近郊到期日 2 日内兑现。

第七条　所收支票已缴交者，如退票或因客户存款不足以及其他因素要求退回兑现或换票时，营业单位应填具票据撤回申请书，经部门主管签准后送总管理处办理。营业部门取回原支票后，必须先向客户取得相当于原支票金额的现金或担保品，或新开支票，方可将原支票交付对方，但仍须依上列规定办理。

第八条　应收账款发生折让时，应填具折让证明单呈主管经批准后方可办理（如急需处理，可先以电话取得主管的同意，尔后补办）。遇有销货退回时，应于出货日起 60 天内将交寄货运收据及原始发票取回，送交会计人员办理（如不能取回，应向客户索取销货退回证明），其折让或退回部分应设销货折让及销货退回科目表示，不得直接由销货收入项下减除。

第九条　财务部门接到银行通知客户退票时，应立即转告营业部门。营业部门对于退票无法换回现金或新票时，应立即寄发存证信函通知发票人及背书人，并迅速拟订处理办法，填写呆账（退票）处理报告表，随附支票正本（副本留营业部门供备忘催办）及退票理由单，呈送总管理处依法办理。

第十条　营业部门将退票申诉案件送请总管理处办理时应提供下列资料：

（1）发票人及背书人户籍所在地（先以电话告知财务部）。

（2）发票人及背书人财产，如系土地，应注明所有权人、地段、面积等，其他财产应注明名称、存放地点、现值等。

（3）其他投资事业的情况。

第十一条　总管理处接到呆账（退票）处理报告表，经呈准后 2 日内应依法申诉，并随时将处理情形通知各有关单位。

第十二条　上列债权确认无法收回时，应专案列表送总管理处，并附原呆账（退票）处理报告表存根联及税务机关认可的合法凭证（如法院裁定书、当地警察机关证明文件、邮政信函等），经总管理处经理核准后，方可冲销应收账款。

第十三条　依法申诉而无法收回的债权部分，应取得法院债权凭证交财务部列册保管。如果事后发现债务人（利益偿还请求权时效为 15 年）有偿还能力时，应依上列有关规定申请法院执行。

第十四条　物流中心营业人员不依本准则规定办理，致使中心权益蒙受损失者，依人事管理规则议处，情节重大者移送法办。

第十五条　本准则经呈准后公布实施，修订时亦同。

十八、业务单、证、手册使用管理规定

为加强物流中心业务单、证、手册的管理，保证有关业务的顺利开展，本着简便、高效、安全、稳妥的原则制订本规定。

(一) 合同文本、合同及资金使用审批单

第一条　严禁盖发空白合同文本，如因情况特殊，确需盖发，合同监察员应登记合同编号，并按合同管理规定程序审批。事后，应及时核销剩余的空白合同。

第二条　各单位应备有合同登记本，由合同管理人员分门别类地将每一份合同的签订情况予以登记，并存有一份合同正本，以便查询和统计。

第三条　严格执行合同审批制度。签订合同前，业务人员应根据对内外合同情况填妥合同标准文本及"合同及资金使用审批表"一式三份，按规定送有关主管领导审批。审批后，审批单连同合同正本一份交业务管理部门保存备查，业务部门保存一份，供资金使用时申请付款用，另一份交财务部备查复核。

(二) 进出口货物许可证

第四条　凡需许可证进行进出口报关的，必须征得业务管理部的同意之后签订合同。待货物报关后，将许可证交回总公司业务管理部存档备查。

(三) 有关海关手册等

第五条　因来料加工、来件装配、补偿贸易、进料加工或企业成立时免税进口等设备而办理了海关手册的，海关手册应交所在单位的合同管理人员保管，不得遗失。各单位领导对海关手册应予以充分重视，管理手册的人员如有变动，必须及时移交手册。

第六条　"三来一补"项目应该在海关核发手册时同时签发的"加工贸易

企业合同情况记录簿"（由公司业务管理部门保存）规定的有效期内完成。如果项目不能及时完成，应该在上述记录簿的有效期内凭记录簿、合同、项目延期协议书、海关手册到海关办理延期手续。

第七条　凭海关手册进料、进件，不得超过海关手册中核定的进料、进件数量。如需超过，需事先报经原海关审核部门批准。

第八条　办理了海关手册的业务项目，进出口时必须凭海关手册报关，不得转为一般贸易报关出口。保税进口物资确因特殊原因需在国内销售时，经分管副总裁批准，并报原审批海关同意补办有关手续后方可进行。

第九条　加工完成的货物出口后的第二个工作日，业务部门应及时填妥"加工贸易进出口货物合同销案表"一式三份，连同报关单、合同、海关手册及记录簿到核发手册的海关有关部门办理核销手续，不得延误。因工作延误所造成的一切后果，由业务经办人员和部门经理负责。销案后的回执联应交手册保管人员存档备查。

（四）商检证及放行单

第十条　放行单的抬头：业务部门在合同成交后，已通过公司申办了审批证或许可证的，放行单的抬头应为"××公司"。

第十一条　商检证及放行单上的货名、数量应与实际成交合同及许可证上的货名、数量和合同号一致。业务承办人员在取得商检证及放行单后，应与合同仔细核对，严防发生差错，影响报关出货。

（五）信用证审证记录及证下货物出口

第十二条　通知银行将信用证发到本公司后，均应由业务管理部审证并填妥"信用证审证记录及证下货物出口报关审批表"的审证记录部分，根据出货批数一式数份，由业务管理部存两份，其余交业务部门借以要求客户修改信用证，并按信用证要求执行。

第十三条　每批货物出口报关前，业务人员应将上述审批表一联交业务管理部根据出货情况审批。物流中心业务管理部根据信用证要求及单据缮制和获得情况签批是否出货的意见。

第十四条　证下要求的客户单据或我方要求改证的，业务部门应保证在出货当日前获得，由物流中心业务管理部进行审核。单据不符的不予出货。

第十五条　证下如需产地证、普惠制证书等由有关机关签发的证书，业务部应在出货日以前将有关出货详细资料提供给业务管理部，以便尽早制作，及时联系签发。业务部门托运货物获得提单后，应及时与信用证核对，发现有误应及时要求修正并及时将提单交业务管理部。

（六）商品调拨单及出口收汇核销单

第十六条　业务部门应在出货前凭业务管理部签批"同意出货"的"审证记录及证下货物进出口报关审批表"或已经验证的本票、汇票，通过财务部门开具商品调拨单。

第十七条　业务管理部凭商品调拨单核发"出口收汇核销单"，并通知报关人员报关出货。

第十八条　"出口收汇核销单"应妥善保管，不得遗失。出货以后，报关员应及时将出口收汇核销单交给该核销单的专职核销人员，并办好交接手续。

第十九条　核销单专职核销员应该在外汇管理部门规定的期限内办完核销手续。

（七）报关单

第二十条　货物出口后，报关人员应将报关单的退税联及时办妥并送交退税办理人员，办好交接签收手续。退税联应妥善保管。

第二十一条　每批货物出口后，报关员应存一份报关单或报关单的复印件按月造册，以备查证。

第二十二条　报关单的填列必须与实际进出口货物情况一致，与进出口许可证一致。特殊情况需特殊处理的，应经业务管理部门经理审批同意，否则，报关中所发生的问题由有关业务人员负责。

十九、问题账款管理办法

第一条 为妥善处理"问题账款",维护物流中心与营业人员的权益,特制定本办法。

第二条 本办法所称的"问题账款",系指物流中心营业人员于销货过程中所发生被骗、倒账,收回票据无法如期兑现或部分货款未能如期收回等情况的案件。

第三条 因销货而发生的应收账款,自发票开立之日起,逾 2 个月尚未收回,亦未按公司规定办理销货退回者,视同"问题账款"。情况特殊经呈报总经理特准者不在此限。

第四条 "问题账款"发生后,该单位应于 2 日内据实填妥"问题账款报告书"(见下表),并附有关证据、资料等,呈请单位主管查证并签注意见后,转请法务室协助处理。

问题账款报告书

年　　　月　　　日

<table>
<tr><td rowspan="8">基本资料</td><td>客户名称</td><td colspan="3"></td></tr>
<tr><td>公司地址</td><td></td><td>电话</td><td></td></tr>
<tr><td>工厂地址</td><td></td><td>电话</td><td></td></tr>
<tr><td>负责人</td><td></td><td>洽办人</td><td></td></tr>
<tr><td>开始往来日期</td><td></td><td>交易项目</td><td></td></tr>
<tr><td>平均每月交易额</td><td></td><td>授信额度</td><td></td></tr>
<tr><td>问题账金额</td><td colspan="3"></td></tr>
<tr><td colspan="4"></td></tr>
<tr><td>说明</td><td colspan="4">（1）发生原因：　□客户倒闭　□拖延付款　□质量不良　□数量不符　□客户要求延后付款　□其他（　　）

（2）经过情况：
（3）附件明细</td></tr>
<tr><td>处理意见</td><td colspan="4"></td></tr>
</table>

核准：　　　　　　复核：　　　　　　制表：

第五条　本办法前条报告书上的"基本资料"栏由单位会计人员填写，"经过情况"、"处理意见"及"附件明细"等栏由营业人员填写。

第六条　法务室应于收到报告书后2日内与经办人及单位主管会商，了解情况后拟订处理办法，呈请总经理批示后即协助经办人处理。

第七条　经指示后的报告书，法务室应即复印一份通知财务部备案。

第八条　经办人填写报告书时应注意：

（1）务必亲自据实填写，不得遗漏。

（2）"发生原因"栏如填"其他"时，应在括弧内简略注明原因。

（3）"经过情况"栏应从与客户接洽时开始，依时间的先后逐一载明所有经过。本栏空白若不敷填写，可另加白纸填写。

（4）"处理意见"栏供经办人自己拟具赔偿意见用，如有需公司协助者，也请在本栏内填明。

第九条　报告书未依本办法前条规定填写者，法务室可退回经办人，请其于收到原报告书2天内重新填写提出。

第十条　"问题账款"发生后，经办人未依规定期限提出报告书请求协助处理者，法务室不予受理。逾15天仍未提出者，该"问题账款"应由经办人负全额赔偿责任。

第十一条　物流中心会计员未主动填写报告书的基本资料，或单位主管疏于督促经办人于规定期限内填妥并提出报告书，致经办人负全额赔偿责任时，本中心主管或会计人员应连带受行政处分。

第十二条　"问题账款"处理期间，经办人及其部门主管应与法务室充分合作，必要时，法务室可借阅有关部门的账册、资料，并请求有关部门主管或人员配合查证，该部门主管或人员不得拒绝或借故推托。

第十三条　法务室协助营业部门处理的"问题账款"，自该"问题账款"发生之日起40天内尚未能处理完毕，除情况特殊经报请总经理核准延期赔偿者外，财务部应依本办法第十四条的规定签拟经办人应赔偿的金额及偿付方式，呈请总经理核定。

第十四条　营业人员销售时，应负责收回全部货款，遇倒账或收回票据未能如期兑现时，经办人应负责赔偿售价或损失的50%（所售对象为私人时，经办人员应赔偿售价或损失的100%）。但收回的票据若因非统一发票抬头、客户正式背书而未能如期兑现，或交货尚未收回货款，或不按物流中心规定作业、手续不全者，经办人应负责赔偿售价或损失的80%。产品遗失时，经办人应负责赔偿底价的100%（以上所称的售价高于底价时以底价计算）。上述赔偿应于发生后即行签报，若经办人于事后追回产品或货款，应悉数缴回公司，再由公司就其原先赔偿的金额依比例发还。

第十五条　本办法各条文中所称"问题账款发生之日"如为票据未能兑现，系指第一次收回票据的到期日，如为被骗则为被骗的当日，其他原因则为该笔交易发票开立之日起算第60天。

第十六条　经核定由经办人先行赔偿的"问题账款"，法务室仍应寻求一切可能的途径继续处理。若事后追回产品或货款时，应通知财务部于追回之日起4天内依其比例一次退还原经办人。

第十七条　法务室对"问题账款"的受理，以报告书的收受为依据，如情况紧急，经办人可先以口头提请法务室处理，但次日应补具报告书。

第十八条　经办人未据实填写报告书，以致妨碍"问题账款"处理者，除应负全额赔偿责任外，法务室可视情节轻重签请给予其惩处。

第十九条　本办法经总经理核准后公布实施，修订时亦同。

二十、各部门月绩分析细则

1. 目的

为使物流中心各级干部明了计划和已执行业务的成效，借以激励各级人员致力达成年度盈余目标，特规定逐月分析各部门执行年度经营计划业绩的有关细则，以收预期管理绩效。

2. 日常收支资料的整理与提供

（1）各部门发生的收支传票或原始凭证必须按规定的权限报批，由经办人填妥分析表，再依规定流程办毕有关手续送回物流中心财务部登账。否则若与财务部的付款分析发生不相符，会增加复查的麻烦（当月各部核准的传票单据等务必于当月登账，不可跨月）。

（2）各部门每10天应将收支累计和计划比较，以便督促未达到目标者，以求改进。

3. 月终收支资料的整理与提供

（1）当月支付凭证如收据、统一发票等，应于次月3日前办妥各项手续转财务部，过期者概不受理。

（2）每月5日前各部门根据上月分析表计算出盈亏，送稽核室或总经理核阅。

4. 月绩稽效

（1）分析表的填写方式如下：

①目标额：根据年度计划表填写，并考虑收支平衡，勿受高利息影响而

亏本。

②库存原物料：将上月底库存原物料 + 当月购入原物料 −（当月产值 × 成本率）。

③销货：当月所开发票金额累计。

④产值：产值即完工额（生产额），产值的计算必须与实际售价相符。

⑤赊欠累计：上月底赊欠累计总额 + 本月当日累计销货额 − 本月当日累计收款额。

⑥收款：当月实际收回款额累计。

⑦未完工累计：即所承包工程未完工部分累计（上月底未完工累计总额 + 本月当日累计订货）。

$$小计：\frac{当月目标 \times 1/3}{1 日 \sim 10 日合计}$$

$$合计：\frac{当月目标 \times 2/3}{1 日 \sim 20 日合计}$$

$$总计：\frac{当月目标}{1 日 \sim 30 （31 日）合计}$$

⑧与目标比较：所订目标与实际比较，达到目标时用蓝笔填写，否则用红笔填写，并算出达成率。

⑨各项支出的原始单据、凭证必须按规定权限批准，方可填写在分析表内，但勿将临时周转金、押标金、暂借款等项填入。

（2）本表每日填写，必要时由各部门主管与副总经理、总经理、驻会常务董事共同研究改进。

（3）每月根据此表做出分析作为各部门盈亏的参考。

第二节　总务、财务管理表格

二十一、办公用品请购单

财管字第　　　　　号

填单日期　　年　月　日

物品名称	规格	用途	单位	数量	需用日期	估计价值	签注
请购部门负责人意见： 年　月　日		总经理办公室主任意见： 年　月　日			总经理批准： 年　月　日		

二十二、重要办公用品登记卡

管理部门：总经理办公室

使用部门：＿＿＿＿＿＿＿

名　称：		编号：						
规　格：		厂名或牌名：						
构　造：		附属设备：						
存放地点：		耐用年限：						
原　价：		增加价值：						
日　期		摘　要	凭证号	单位	数量	增加	减损	结存
年　月　日								
年　月　日								

二十三、领物卡

年　月　日

部门		领用人		核发	
领用物品名称及规格	用途	数量	单位	单价	总价

总务部经理：＿＿＿＿　　保管员：＿＿＿＿

二十四、办公用品领用卡

姓名：_____　　　　　　　　　　　　　　部门：_____

用品名称	日期	单位	数量	主管签章	领用人	备注

二十五、办公用品盘存报告表

　　年　月　日　　　　　　　　　　　　　　金额单位：元

编号	名称	规格	单位	单价	上期结存		本期购进数	本期发放数	本期结存		备注
					数量	金额			数量	金额	
合　计											

主管：_____　　　保管员：_____

二十六、办公用品耗用统计表

年　月　日

部门		上月耗用金额（元）	本月耗用金额（元）	差异额（元）	差异率（%）	人数	说明	部门		上月耗用金额（元）	本月耗用金额（元）	差异额（元）	差异率（%）	人数	说明
代号	名称							代号	名称						

总务部经理：＿＿＿＿＿＿　　　　　经办人：＿＿＿＿＿＿

注：差异额为本月耗用金额减去上月耗用金额的差额。

二十七、财务日报表

单位：元   年 月 日

	类 别		前日结存	收 入	支 出	本日结存	摘 要
现 金 、 存 款		现 金					
		活期存款					
	甲种存款	银行					
		银行					
		银行					
		银行					
		银行					
		计					
	小 计						
借 款	借 款 处		前日余额	借 入	偿 还	余 额	摘 要
	计						
应 收 票 据	银行名称		原有票据	应收票据	兑 现	余 额	摘 要
	计						
应 付 票 据	银行名称		未偿还	开出票据	偿 还	余 额	摘 要
	计						
赊 购	区 分		部	部	部	部	摘 要
	前日余额						
	采购金额						
	偿付款						
赊 销	前日余额						
	销售金额						
	收 款						
	本日余额						

审批：   复核：   制表：

二十八、进账日报表

单位：元　　　　　　　　　　　年　月　日

地区	进账人	进账明细						款项回收额	销售超过与不足		进账不足金额		
		现金	礼券	费用	银行汇入	转账	进账总额		超过	不足	日	日	日
	小计												
	总计												
回收额超过与不足金额													

二十九、实物核算记录表

被审计部门：　　　　单位：元　　　　　　　　　　　　年　月　日

品名	规格	计量单价	账面数			盘点数			多　少		备注
			数量	单位	金额	数量	单位	金额	数量	金额	

实物负责人：　　　　清点：　　　　复核：　　　　审计组长：　　　　审计员：

三十、应收账款控制表

金额单位：元　　　　　　　　　　　　年　月　日

厂　商	上月应收账款	本月出货	本月减项				本月底应收账款			
			回款	退回	折让	合计	月	月	月	合　计
合　计										
%										

核准：　　　　　　　复核：　　　　　　　制表：

三十一、成本利润状况分析表

年　月　日　　　　　　　　　　　单位：元

项　　目	年	年	年
①商品销售毛利			
②商品经营利润			
③营业利润			
④利润总额			
⑤净利润			
⑥销售成本			
⑦商品经营成本			
⑧营业成本			
⑨税前成本			
⑩税后成本			
⑪销售成本毛利率⑪＝$\dfrac{①}{⑥}$			
⑫经营成本利润率⑫＝$\dfrac{②}{⑦}$			
⑬营业成本利润率⑬＝$\dfrac{③}{⑧}$			
⑭税前成本利润率⑭＝$\dfrac{④}{⑨}$			
⑮税后成本净利率⑮＝$\dfrac{⑤}{⑩}$			

制表：

第三章　物流采购管理制度与表格

第一节　物流采购管理制度

一、物流采购管理制度

1. 制定采购计划

（1）由物流中心各部门根据每年的物资消耗量、损耗率对下一年度的物资需求做出预测，每年年底编制采购计划和预算报财务部审核。

（2）计划外采购或临时增加的项目，要制订计划并报告财务部审核。

（3）采购计划一式四份，自存一份，其他三份交财务部。

2. 审批采购计划

（1）财务部将各部门的采购计划和报告汇总，并进行审核。

（2）财务部根据物流中心本年度的营业实绩、物资的消耗量和损耗率、下年度的营业指标及营业预测做出物资采购预算。

（3）将汇总的采购计划和预算报总经理审批。

（4）经批准的采购计划交财务总监监督实施，对计划外未经批准的采购要求，财务部有权拒绝付款。

3. 物资采购

（1）采购员根据核准的采购计划，按照物品的名称、规格、型号、数量、单位适时采购，以保证及时供应。

（2）大宗用品或长期需用的物资，根据核准的计划可向有关的工厂、公司、商店签订长期供货协议，以保证物品的质量、数量、规格、品种等供货要求。

（3）餐饮部用的食品、餐料、油味料、酒、饮品等，由行政总厨、大厨下单到采购部，由采购人员按计划或下单采购。

（4）计划外和临时少量急需品，经总经理或总经理授权有关部门经理批准后可进行采购。

4. 物资验收入库

（1）无论是直拨还是入库的采购物资，都必须经仓管员验收后入库。

（2）仓管员验收时，应根据订货样板，按质按量核对发票验收。验收后要在发票上签名或发给验收单，然后需直拨的按手续直拨，需入库的按规定入库。

5. 付款及报销

（1）付款：

①采购员采购的大宗物资的付款要经财务总监审核，经确认批准后方可付款。

②使用支票结账，一般应由出纳根据采购员提供的准确数字或单据填制支票，若需采购员领空白支票与对方结账，金额必须限制在一定的范围内。

③按物流中心财务制度规定，付款××元以上者要使用支票或委托银行付款结款，30元以下者可支付现款。

④超过××元要求付现金者，必须经财务部经理或财务总监审查批准后方可付款，但现金必须控制在一定的范围内。

（2）报销：

①采购员报销必须出具验收员签字的发票或验收单，经出纳审核是否经批准

或在计划预算内，核准后方可予以报销。

②采购员若向个体经营者购买商品，可通过税务部门开票，因急需物品而卖方又无发票者，应由卖方写出发货证明并签名盖章，由采购员两人以上证明及验收员的验收证明，经部门经理或财务总监批准，方可予以报销。

二、采购主管岗位职责

（1）根据人力资源部的意见和各部室所需物品计划，编制所需物资、办公用品、工作服等采购计划。

（2）根据库存与审批计划，及时合理安排采购。

（3）根据各部室要求，会同有关部门做好物流人员工作服材料的购置和服装制作工作。

（4）负责联系物流包装纸袋、票据印制业务。

（5）负责全公司废旧包装处理业务。

（6）严把订货关和进货质量关，坚决抵制假冒伪劣产品。

（7）认真落实领导指示，搞好采购工作，及时提出意见和建议。

（8）完成领导交给的其他工作。

三、物资采购部经理岗位职责

（1）负责物资采购部的全面工作，提出物资采购计划，报总经理批准后组织实施，并确保各项采购任务的完成。

（2）对物流中心各部门物资需求及消耗情况进行调查研究，熟悉各种物资的供应渠道和市场变化情况。

（3）指导并监督下属开展业务，不断提高业务技能，确保物流中心物资的正常采购。

（4）完成物流中心各类物资的采购任务，并在预算内尽量减少开支。

（5）对物流中心的物资采购负重要责任，熟练掌握物流中心所需各类物资的名称、规格、型号、单价、用途和产地，检查购进物资是否符合质量要求。

（6）检查合同的执行和落实情况，参与大批量商品订货的业务洽谈。

（7）负责审核年度各部呈报的采购计划，统筹策划和确定采购内容，减少不必要的开支，以较少的资金保证最大的物资供应。

（8）认真监督检查各采购员的采购进程及价格控制。

（9）在部门经理例会上，定期汇报采购落实情况。

（10）每月初将上月的采购任务、完成及未完成情况逐项列出报表，呈物流中心总经理及财务部经理，以便于上级领导掌握物流中心的采购情况。

（11）负责督导采购人员在采购业务活动中讲信誉、不索贿受贿，并与供货单位建立良好的关系，在平等互利的原则下进行合作。

（12）负责部属人员的思想教育、业务培训，开展职业道德、外事纪律、法制观念的教育，使所属员工提高工作水平和思想水平。

四、采购员岗位职责

（1）严格执行物流进货管理制度。

（2）认真做好采购员手册的记录，每月进行库存结构和商品适销情况分析，对超出保本保利期的商品提出解决办法。

（3）严格按物流规定的要求填写客户档案和合同文本，返岗当日内上交公司。

（4）严格把好进货质量关，严禁假冒商品进入物流中心。

（5）负责开发名特优新商品。要经常深入物流中心了解情况，及时调整商品结构，保证物流中心货源充足，商品丰富，适销对路。

（6）负责商品查询及残次品的返厂工作。

（7）严禁以物流中心的名义替其他单位和个人代购、代运、代收、代存商品。

五、仓库收货员岗位职责

（1）根据物流中心的规定和要求，认真有效地检验到货物品是否符合物流中心要求的质量标准。

（2）办理验收手续时应按照采购单的内容和数量进行。

（3）验货时如发现质量不符合要求、数量差错，应拒绝收货并及时报告主管。

（4）办理验收手续后应及时通知有关部门取货。

（5）填制每日收货汇总表。

（6）协助采购部经理跟踪催收应到而未到的物品。

（7）做好采购单存档工作。

（8）积极提出改进工作的建议，协助领导做好本部门的工作。

（9）服从分配，按时完成领导交办的任务。

六、采购部仓库保管员岗位职责

（1）全面负责物料及商品的入库验收工作。入库时，对进仓物品必须严格根据采购单验收，并根据发票上写明的物品名称、型号、规格、单位、数量、价格等填写验收单或收据。要严格把好质量关，不符合要求的货物应退回，发现问题要及时上报。

（2）有效地管理库房，具体负责物流中心商品和物品的保管和供应工作。

（3）验收进仓物资，如发现不符合要求的，需填写验收报告呈物资主管审批，交采购部经理提出处理意见。

（4）验收后的物资，必须区分类别，根据物品的数量、性质固定位置码放，做到整齐美观，并注意留有通道，以便于收发、检验、盘点，并填写货物卡挂放在明显之处。

（5）商品和物料进出仓，要做到先进先出、后进后出，防止商品变质、霉坏，尽量减少损耗。

（6）库房要保持通风干燥，根据环境、气温变化、通风条件调节湿度和温度。要勤检查、勤晾晒，防止虫蛀、霉烂变质。

（7）每日汇总票据，严格执行出入库手续，按期登记明细账，定期盘点，按时填写报表，做到账物相符、账表清楚。

（8）熟悉货物，明确负责保管货物的范围。

（9）严格执行仓库安全制度。库内严禁吸烟，上下班前后应对仓库的门窗、电源、消防器材、货垛等进行安全检查，发现隐患及时处理，保证物资和库房的安全。

（10）严格执行物流中心各项规章制度和工作纪律，按时上下班，工作时不擅离职守，并做好仓库的清洁卫生工作。

（11）努力完成领导交办的其他工作。

七、食品采购管理制度

（1）由仓管部根据餐饮部门需要，订出各类正常库存货物的月使用量，制定月度采购计划（一式四份），经总经理审批后交采购部采购。

（2）采购部接到总经理审批同意的采购计划后，将其送仓管部、食品采购组、采购部经理、总经理室各一份备查，由仓管部根据食品部门的需求情况订定出各类物资的最低库存量和最高库存量。

（3）为提高工作效率，加强采购工作的计划性，各类货物采取定期补给的办法供应。

八、能源采购管理制度

（1）物流中心工程部油库根据各类能源的使用情况，编制各类能源的使用量，制定出季度使用计划和年度使用计划。

（2）制定实际采购使用量的季度计划和年度计划交总经理审批，同意后交采购部按计划采购。

（3）按照物流中心设备和车辆的油、气消耗情况以及营业状况，订出油库、气库在不同季节的最低、最高库存量，并填写请购单，由采购部经理呈报总经理审批同意后交能源采购组办理。

（4）超出季度和年度使用计划而需增加能源的请购，必须另填写请购单，并提前一个月办理。

（5）采购部接到工程部油库请购单后，应立即进行报价，并报总经理审批。经批准的请购单一联送回工程部油库以备验收之用，一联交能源采购组。

九、物品及原材料采购制度

（1）物品库存量应根据物流中心货源渠道的特点，以一个季度的运输量为宜。材料存量应以两个月使用量为限，物料及备用品库存量不得超过三个月的用量。

（2）坚持"凡国内能解决的不从国外进口，凡本地区能解决的不到外地采购"的原则。

（3）各项物品、原材料的采购，必须遵守市场管理及外贸管理的规定。

（4）计划外采购或特殊、急用物品的采购，各部门知会财务部并报总经理审批同意后，方可采购。

（5）凡购进物料，尤其是定制品，采购部门应坚持先取样品，征得使用部门同意后再进行定制或采购。

（6）高额进货和长期订货，均应通过签订合同的办法进行。

（7）从国外购进原材料、物品等，凡动用外汇的，不论金额大小，必须取得总经理的批准方可采购，否则财务部拒绝付款。

（8）凡不按上述规定采购者，财务部以及业务部门的财会人员，应一律拒绝支付，并上报给总经理处理。

十、物品及原材料损耗处理制度

（1）物品及原材料发生变质、霉坏，失去使用（食用）价值时，需做报损、报废处理。

（2）对物品、原材料做报损、报废处理时，保管人员应填报"物品、原材料变质霉坏报损、报废报告表"，据实说明坏、废原因，经业务部门审查提出处理意见后报部门经理或财务部审批。

（3）对核实并获准报损、报废的物品、原材料，由报废部门送交废旧物品仓库处理。

（4）报损、报废由有关部门会同财务部审查并提出意见呈报总经理审批。

（5）报损、报废的损失金额在"营业外支出"科目处理。

第二节 物流采购管理表格

十一、采购计划表

年 月 日   页次：

序号	名称	型号	规格	数量	单价	采购记录 （时间、供应商）	备注
合计	￥：			大写：			

拟制：_____   审核：_____   批准：_____

十二、采购控制表

年 月 日   页次：

厂商	品名	本月			上月			说明
		单价	数量	金额	单价	数量	金额	

核准：   复核：   制表：

十三、请购单

No.

请购部门			用途					备　注
物品名称	型号/规格	数量	单价	小计	采购记录			备　注
					时间	供应商		
合　计	￥:			大写:				

经办：_____　　　　确认：_____

审核：_____　　　　批准：_____

十四、订购单

厂商：　　　　　　　　　　　　　　　　年　月　日

地址：

电话：　　　　　　　　　　　　　　　　No.

项次	材料编号	品名规格	单位	数量	单价	金额合计
交货日期						
交货地点						
注意事项			交易条款			（由各公司自订）

核准：　　　　　　　审核：　　　　　　　经办：

十五、加工原料订单

订料时间：　　　　　　　　　　　　　　　　交料时间：

品名	单位	数量	实发数	备注

订料部门：　　　　　　　　　订料人：　　　发料人：

十六、材料采购记录

年　月　日至　　月　日　　　　　　　　　　页次：

请购日期	请购单号	材料名称	请购数量	供应厂商	单价	订购日期	验收日期	品质记录	请款记录

审核：　　　　　　　　　　　　　　　　制表：

十七、原材料日报表

产品名称：				批号：			年　　月　　日	
组件号	零件名称	规格	单价	数量	采购		所需时间	说明
					内购	外购		

十八、成品耗料明细表

原料名称：　　　　　　　　　　　　　　　　　年　　月　　日

成品名称	生产数量	单位	成品原材料					单位成品平均用量及金额	
			规格	数量	单价	单位	金额	数量	金额

十九、订货明细表

订单号码		客户名称、地址				
品名						
规格						
批号等级						
订货数量						
分批交货数量						
用途		包装			体积	
完成日期		出货日期				
色号	箱数	箱号	毛重净重	尾箱重		
总 计				总 计		

主管：　　　　　　　　　　　　　　　　制表：

二十、订货统计表

接单日期	制造单号	品名	规格	订货量	单价	金额	需要日期	物料供应状况		预订日期		品质记录	完工日期
									其他	自	至		

二十一、进货日记表

　　　　　　　　　　　　　　　　　　　　　　年　　　月　　　日

部门	总进货				货折让	折价回扣	净进货额
	笔	赊购	笔	现金			
合计							
累计							

部门主管：　　　　　　单位主管：　　　　　　　　　　　经办：

二十二、收货单

类别				申请号码	厂商名称	约交日期	收货日期	统一发票号码		
□材料　□半成品　□成品										
项次	订单号码	品名规格	材料编号	申请数量	单位	实收 数量 件数		单价	金额	累计数量
说明				检验结果			收货部门	部门		
								经办		

二十三、送货单

客户：　　　负责人：　　　地址：　　　送货日期：　　　单位类别：

序号	品名规格	品名代号	品级	单位	数量	单价	金额	件数	重量	出库单位	出库代号
1											
2											
3											
4											
5											
6											
7											
8											
9											
10											
11											
12											

销货通知单：　　　　　　　　　客户编号：

提货单：　　　　　　　　　　　统一发票：

承运商或送达方法：

备注	单价金额及统一发票号码由业务部核填	业务部		发送单位		
		主管	主办	科长	组长	填表

二十四、提货单

年　　月　　日

项目	产品	料号	品名规格	单位	数量	说明
						□销售 □样品 □检验 □其他

厂长批示	生产科长	物料	质管	提（送）货人

第四章 物流运输与配送管理制度与表格

第一节 物流运输与配送管理制度

一、仓储部经理岗位职责

（1）在总经理领导下主持仓储部工作。

（2）认真负责本部门员工的政治、业务学习，督促检查考核各岗位职责、工作制度的履行和执行情况。

（3）负责起草仓储工作各项规章制度。

（4）负责组织商品储存和商品运输工作。

（5）负责审查批准各种车辆及其他设施的购置、使用、维修和保养。

（6）负责组织处理本部门各项日常行政业务工作，保质保量，完成仓储运输工作。

（7）完成总经理交办的其他工作。

二、仓储部职责

（1）负责仓储管理办法与作业程序的研究、设计及改进建议的提出。

（2）负责商品存量标准的拟订、检查及修订。

（3）负责国内采购商品的请购。

（4）负责商品与附件的验收、存储、整理及保管。

（5）负责商品进出登记与控制。

（6）负责库存商品质量管理。

（7）负责商品分配数量拟订。

（8）负责商品发运及调拨事项办理。

（9）负责商品国内运输短损索赔。

（10）负责库存待料、待修与呆废商品的整理及处置。

（11）负责营业用车辆的调派、维护及管理。

（12）其他有关仓储事项办理。

三、驻库员岗位职责

（1）了解商品的性能及一般保管养护知识。

（2）负责储运部与库房之间各种信息的沟通。

（3）负责协调物流中心储运部与库房之间业务上产生的纠纷。

（4）随时将库房商品储存情况向储运部汇报，监督库房人员的工作，保证最大限度地利用库容。

（5）遇有大批商品入库时，负责通知库房提前做好安排，保证商品按时入库。

（6）负责检查库房月盘点，并将结果汇报储运部。

（7）完成领导交办的其他工作。

四、仓储部仓库保管员岗位职责

（1）负责商品的分类、登记、入库、保管工作。

（2）负责所管商品账物的核对。

（3）负责库存商品的安全，防止变质、虫蛀、污染等。

（4）随时向领导提供库存商品数量、结构变化情况。

（5）合理堆码商品，最大限度地利用仓容。

（6）负责商品收、存、付过程中发生的问题，及时反映并协助处理。

（7）负责保持物流中心库区整齐清洁。

（8）完成领导交办的其他工作。

五、送货部经理岗位职责

（1）在部门经理的领导下，负责送货部日常管理工作。

（2）负责本部门车辆管理及员工教育，及时向司机传达上级有关指示，带领和组织送货部全体人员认真落实上级有关交通法规，制定本部门有关车辆管理和员工教育管理制度。

（3）负责安排车辆，按时完成送货任务。出车前，负责检查车辆良好情况，严禁司机疲劳驾驶、酒后驾驶、违章行车；向司机交代送货注意事项，确保优质安全服务。

（4）负责送货部人员的劳动考勤，分类送货统计及超范围送货的收费、开票，月底计算送货量。

（5）负责安排车辆保养、油料的购买与分发，处理本部所发生的交通事故。

（6）对因送货部原因不能按时送货上门的商品，送货部经理负责及时与货主联系，说明原因，另行商定送货上门时间。

（7）根据物流中心和本部奖金制度、奖惩制度，负责计算送货部个人每月奖金。

六、商品发运制度

1. 商品发运前的准备工作

（1）确定押运人员。为了及时处理运输途中可能发生的问题，商品运输必须配备押运人员，并加强与运输部门的联系，保证商品安全、准确地运达目的地。

（2）搞好商品包装，准备发运物料。为了保证商品的合理装载和运输安全，可根据商品的性能和运输工具的特点实行定型装载。为此要按照装载要求进行商品的运输包装，备齐绳索、苫布、罩网等运输物料。

（3）确定货场和进场日期。商品从专用线或专用码头装载启运时，要事先联系好货位场地和商品进入货场的时间，以便将商品及时运达启运站或码头待运。

（4）安排好短途搬运和装卸力量，注意商品待运与装车启运环节的衔接，将商品按时运入货场，装车启运。

2. 商品发运程序

（1）填写货物运单。发运商品时，必须按要求认真、准确、完整、清晰地填写货物运单。

（2）检查运输工具。为确保商品的运输安全，商品装车以前，应检查运输工具的安全措施。托运食品等怕污染的商品时，还应检查运输工具的卫生情况。

（3）交接商品。托运单位向承运方填交货物运单后，由承运部门负责装车的，应及时将商品运进车站、港口的指定货位，经承运方验收后，办理货物的交接手续。如果商品由托运方自行装车，待装载完毕，托运方封车封船交给承运方。

（4）填制商品运输交接单。商品运输交接单是发货单位与收货单位或中转单位之间的商品运输交接凭证，也是收货方承付货款和掌握在途商品情况的依据。

（5）做好发货预报工作，通知收货单位，以便对方及早做好商品接收或中转分运的准备工作。

七、货物运输约定事项

（1）如货物名称不能在货运单逐一填写，需交物品清单。

（2）托运方必须按国家规定的标准包装托运物品。没有统一规定包装标准的，应根据保证物品运输安全的原则进行包装，否则承运过程中因包装原因造成承运物品损坏的，承运人不负赔偿责任。

（3）托运人如对托运的货物有特殊要求，应在备注栏中注明。严禁托运国家禁运、限运物品，国家对托运物品有具体规定和要求的从其规定。

（4）托运人不如实填报货运单，至承运人错送、装货落空以及由此引起的其他损失，由托运人承担。

（5）收货人委托代收人提（收）货的，需向承运人出具书面委托书及相关身份证明。

（6）收货人逾期不提（收）货时，应向承运人交纳保管费，但承运人的代管期限仅为2个月，届时承运人将提存货物。

（7）收货人（代收人）签收货物时，若原包装完好、封箱无损，即视同承运人无瑕地履行了交货义务。

（8）货物在运输中因承运人责任发生丢失、损毁的，承运人按以下方式给予赔偿：

①在保价运输中，按保价价格赔偿货物。能够修复的予以修复，并就修理费

和维修取送费给予赔偿。

②未办理保价运输的，最高赔偿额不超过该件货物约定运费的5倍。

（9）本合同（单）未尽事宜，遵照《合同法》、《汽车货物运输规则》严格执行。

八、托运人须知

（1）货运单经承托运双方签字（章）后具有合同效力，双方按《合同法》、《公路法》和货物运输有关规定执行本托运单的各项内容。

（2）托运人应如实填写托运单，并对其所记载内容的真实性负责。

（3）严禁托运和夹带危险品、国家禁止和限制运输的其他物品。

（4）办理保价运输的货物请在声明价格栏填写实际价格，并按规定缴纳保费，在运输途中发生损失，按实际损失赔偿，但最高不超过声明价格。

（5）未办理保价运输的货物在运输途中发生损失，最高按合同运费的5倍赔偿。

（6）因不可抗力因素引起货物损失，承运方不负赔偿责任。

（7）托运人要求由收货人支付运费时，收货人交清运费方能提取货物，否则不予交付，因此所产生的经济责任由托运方承担。

九、托运约定事项

（1）托运人必须如实填写货物名称、件数、货物价值、重量及收货人的详细地址和电话，并出具托运货物的合法手续。

（2）所托运货物外包装必须完好无损（在包装完好的情况下，对货物内在数量、质量等的损减均不负责），易燃、易爆物品必须声明。国家法律法规禁运的物品本公司概不受理。

（3）托运人托运的货物应上全额保险，如有货物损坏丢失，按照有关保险公司规定的损坏的程度确定赔偿金额，但最高赔偿额不能超过保险金额。没按规定上全额保险的，货物丢失按最高每件运费的 5 倍赔偿损失。

（4）货到指定地点后，由收货人当场清点验收，如收货人当场对本批货物没有提出异议，可视为货物安全到达。

（5）托运人和收货人如有查询、索赔或其他事宜，应在本单开出之日起 1 个月内提出，过期本公司概不受理。

（6）接到取货通知后，必须在 3 天之内取货。过期后每天按运费 2% 加收保管费，2 个月以后仍不取货，按无主处理。

十、商品运输管理制度

本着"安全、及时、准确、经济"的原则，按照运输车辆集中管理、分散使用相结合的办法加强商品运输管理，使商品运输合理化。

1. 商品运输工作内容

物流中心商品运输工作由储运部统一负责管理。商品运输工作的内容是：

（1）安排商品的运输、提货、验货，商品的交接、查询和索赔。

（2）合理安排使用商品运输工具，建立健全各项管理制度。

2. 商品运输工作范围

（1）商品下站运输。

（2）商品上站运输。

（3）商品移库运输。

（4）商品入库运输。

（5）送货上门运输。

3. 商品运输工作程序

（1）接收货运通知、提货和装运。

①调度员接到货运通知和登记时，要验明各种运输单据，及时安排接货。

②调度员按商品要求、规格、数量填写运输派车单交运输员。

③运输员领取任务后，需认真核对各种运输单据，包括发票、装箱单、提单、检验证等。问明情况，办理提货。

④运输员提货时，首先按运输单据查对箱号和货号，然后对施封袋、苫盖、铅封进行认真检查；确信无误后，由运输员集体拆箱并对商品进行检验。

⑤提取零担商品时需严格检查包装质量。对开裂、破损包装内的商品要逐件查验。

⑥提取特殊贵重商品要逐个检验；注意易燃、易碎商品有无异响和破损痕迹。

⑦提货时做好与货运员现场交接和经双方签字的验收记录。

⑧对有包装异常等情况的货物要做出标记，单独码放。

⑨在提货过程中发现货损、货差、水渍、油渍等问题时，要分清责任，并向责任方索要"货运记录"，以利办理索赔。

⑩运输员在确保票实无误，并对出现的问题做出妥善处理后，方可装车。

⑪装车要求：严格按商品性质、要求、堆码层数的规定平稳装车码放，做到标识正确、箭头向上，大不压小，重不压轻，固不压液；易碎品单放；散破包装在内，完好包装在外；苫垫严密，捆扎牢固。

（2）运输、卸货与交接。

①运输员须将货物安全送到指定地点卸货。如货运方有其他要求需向调度员讲明，以便重新安排或做调整。

②卸货时按要求码放整齐，以方便点验；标识向外，箭头向上，高矮、件数一致。

③定位卸货要轻拿轻放，根据商品性质和技术要求作业。

④交货时，运输员须按货票向接货员一票一货交代清楚，并由接货员签字，

加盖货已收讫章。

⑤货物移交后，运输员将有接货员签字、盖章的临时入库通知单或入库票交储运业务部，业务部及时转各商店办理入库手续。

⑥若运输货物移交有误，要及时与有关部门联系。

（3）运输任务完成后，运输员需在派车单上注明商品情况，连同铅封交收货单位。

（4）在运输中，因运输人员不负责任发生问题，按有关规定处理。

4. 商品运输安排与申报

（1）凡直接由专营商店转来的提单，储运部应根据业务需要合理安排运输。

（2）本市商品原则上 2 天内运到，最迟不超过 3 天。

（3）凡有上站业务的专营商店，需提前到储运部办理运输手续，如实登记发运货物品名、规格、数量、性质、收货单、地点、联系人、电话、邮政编码、时间和要求等。

（4）凡采用公路运输的部门，需组配好货物，提前 2 天申请用车计划。

（5）公路长途运输（1000 公里以内）业务需报总经理批准后执行。

5. 运单的传递与统计

（1）传递运输单据要按传递程序进行，做到统计数字准确、报表及时。

（2）调度员要认真核对汽车运输单据，发现差错、遗漏和丢失要及时更正、补填，并按规定时间交统计员。

（3）统计员应根据运输单据做好各项经济指标的统计、造册、上报与存档工作。

十一、汽车运输管理制度

1. 汽车运输队

（1）储运部设汽车运输队。

（2）运输队对车组实行定额管理，单独核算成本。

（3）严格对车辆吨公里耗油的管理，实行月统计报表制度，并给予相应的奖励与处罚。

2. 汽车运输调度

（1）合理安排运输人员、时间、路线，减少在途商品损耗和资金占压，加速资金周转，避免对流、迂回、倒流等不合理运输。

（2）在运输任务紧张时，首先要保证下站货物和内外商品移库的运输；其次按业务的轻、重、缓、急程度安排运输，确保企业经营正常进行。

3. 汽车运输安全

（1）汽车载物运输要按规定时速行驶。禁止运送国家规定的禁运品。

（2）运输长、大、笨、重、超高、超宽货物需提前办理各种证件。需夜间运行要及时向领导讲明，并确保行车安全。

（3）贵重商品运输和危险商品运输的安全，按有关制度办理。

（4）汽车运输其他方面的安全问题，按车辆安全管理规定执行。

4. 汽车运输收费

本物流中心汽车运输实行内部收费办法，具体收费标准见相关规定。

十二、储运机动车辆管理制度

1. 机动车辆管理范围

（1）生产经营运输车辆。

（2）生活用班车。

（3）办公用车。

2. 车辆管理的任务

（1）按规定办理各种车务手续。

（2）负责审批车辆的强制保养与送厂修理。

（3）办理车辆年检手续。

（4）编制车辆的改装、改造、报废和购置计划。

（5）车辆的技术监督与检查。

3. 车辆管理具体规定

（1）机动车辆与驾驶员的统一管理。

①机动车辆统一管理。特殊情况下，储运部对各部门使用的车辆有统一调配权。

②驾驶员统一管理的内容：

A. 档案管理。

B. 证件手续办理。

C. 填写车辆运行手册和安全手册。

D. 年审工作。

E. 发生违章及事故的处理。

F. 安全教育与学习。

（2）车辆的预防保养。

车辆保养应本着预防为主的原则有计划地进行，按照车辆保养规章制度，严格进行保养。

①初驶保养：新车或大修车行驶 1500 公里后，按规定项目进行保养。

②例行保养：每日出车前、行驶中、收车后，按规定项目检查保养。

③计划定程保养：一级保养，车辆每行驶 2000 公里，按规定项目强制进行；二级保养，车辆每行驶 2.5 万公里，按规定项目强制进行；三级保养，车辆每行驶 4.5 万公里，按规定项目强制进行。

④换季保养：为保证季节变化后车辆能可靠有效地工作，每年入冬入夏时实施换季保养，按规定强制进行。

⑤停驶保养：凡停驶封存车辆应解除负荷，定期进行清洁、除锈、防腐处理，检查发动机，排除故障。尽量减少磨损，保持技术状况良好，以便随时启用。

（3）车辆计划修理。

①车辆小修：即排除车辆在使用中的临时性故障，更换损坏的零部件、组合件、仪表，局部损伤应迅速修复，修理时间要求均为 3 天。

②总成修理：指基础和主要部件破裂磨损变形，需要全部分解进行彻底修理，以恢复其技术性能。应按车辆检验结果填写车辆鉴定，排定修理计划，按修理工艺严格进行修复。

③车辆大修：车辆行驶 12 万～15 万公里后，经储运部鉴定符合大修条件，按汽车大修进厂程序办理。

④车辆的各级保养与修理竣工接车后，应由送修部门填写车辆档案，交储运部存档。

⑤车辆的各级保养与修理，应按车辆检查结果和临时故障情况，由安全技术员负责制定和调整年、季、月、日保修计划。

⑥车辆进厂修理。

A. 车辆进厂修理的原则为本单位无力修理的大修、中修项目。

B. 进厂修理必须事先填报进厂修理申请单，经有关技术人员进行检验、鉴定，确认为修理项目后，由储运部批准方可送修。

C. 车辆进厂大修，应严格执行大修计划，经物流中心主管经理、财务部审批后执行。

D. 进厂修理记录要按规定归档，以便保修期内出现问题时与厂家联系和进行日常的维修保养。

（4）车辆技术检验。

①技术检验工作由安技员负责。

②检验人员必须坚持原则，严格把握工艺技术标准。

③检验人员每月对车辆进行一次技术检验与鉴定，排出质量级别。每月进行部分车辆抽查，抽查率不得低于20%，检查结果记入车辆档案，对检验出现的问题及时安排检修。

④车辆送厂大修竣工经验收符合标准后方可接车，并取回修理记录归档。

⑤车辆在本单位修理，采取承修人自检与专门人员检验相结合的方法，修验后应填写修理记录，由主修人签字后归档。

⑥必须按规定进行车辆年度技术检验，合格后将验车单归档。

（5）车辆技术经济定额。

①经济定额包括以下内容：

A. 行车燃料消耗定额，是指车辆百公里所消耗燃料的定额（按车型规定油耗定额）。

B. 轮胎行驶里程定额，是指新轮胎从使用到报废的轮胎总行驶里程定额（按国产、进口轮胎，规定轮胎行驶里程定额）。

C. 大修间隔里程定额为12万～15万公里。

D. 二、三级保养时间定额为5天。

E. 保养小修费用定额，按车行驶每公里5分核算。

②车辆管理使用各项指标：

A. 车辆完好率90%，完好率＝完好车÷实有车。

B. 车辆利用率95%，利用率＝出勤车数÷实有车数。

C. 行驶里程利用率60%，里程利用率＝行驶公里÷总行驶公里。

（6）车辆调度。

①车辆调度安排要坚持保证重点、兼顾一般的原则。要了解场内商品到货情况，对物流中心组织的重大展销活动做到心中有数。

②积极合理调度车辆。保证物流中心重点商品、大宗货物的上下站，港口、机场、集散快件的到达发运。合理调配各商店用车，不得推诿延误派车，不准甩派，不派"人情"车。否则，因此而造成的商品断档、脱销等后果，由调度员负责。

③调度员要切实掌握各商店的货流信息规律及动态，了解运输任务完成情况。要定期到商店征求意见，不断改善运输管理，提高服务质量。

④派车要认真核对票据，向运输员交代清楚。要准确计量、计程，合理收费。

⑤货运任务下达后，对车辆及人员安排要心中有数：

A. 知道车站、机场、仓库的情况。

B. 知道各条运输路线的情况。

C. 知道车辆设备情况。

D. 知道商品性质、规格等，科学安排运输作业。

⑥为增加经济效益，减少损耗，减少空驶，提高里程和车辆利用率，要选择最佳路线和配货合理的运输方式。

⑦调度员应对每天的运输任务完成情况逐项过问、验单，并做记录汇总，转物流中心统计员。

⑧调度员对每月完成的货运量、吨公里及派车记录存根，应按时填报表格，记录备案。

⑨调度员应与车队其他工作人员密切配合，准确无误地填报车辆运输里程，以便车队长和技安员及时对车辆进行维修和保养作业，确保车辆完好，正常投入运营。

（7）确保运输安全。

①贯彻"以防为主"的原则，建立健全安全管理制度及各种安全管理档案。

②及时传达上级管理部门的文件和会议精神，结合汽车队的实际情况贯彻落实。

③定期对驾驶员进行交通安全教育及遵守各项规章制度情况的考核，考核结果记入员工技术档案，坚持每周安全教育日活动。

④定期对运输工作进行总结，抓好典型，奖优罚劣。

⑤定期进行车辆检查，使车辆保持良好的技术状态。每日出车前和收车后，驾驶员应对车辆进行全面的安全检查；每月由技安员负责组织对全部车辆的安全检查，检查项目包括制动、转向、灯光及车上所有设备完好情况，并将车载消防器材、月查结果记录在案。发现安全隐患，要及时采取措施予以消除，确保车辆安全使用。

⑥长途运输时，必须严格检验车辆，按规定执行长途运输任务。

⑦严格执行装卸操作规程，确保人员、车辆及货物的安全。

⑧在运输过程中要随时检查载运的货物，发现异常及时采取措施，做到防雨、防火、防盗、防颠、防撞，保证货物完好无损地到达目的地。

⑨严格执行运输纪律，在长途运输中不得非法捎脚运输。

⑩发生事故时本着"三不放过"的原则认真处理：事故责任不清不放过；事故分析不清不放过；责任人和群众没有受到教育不放过。及时总结经验教训，减少和杜绝各种事故的发生。

⑪建立严格的车辆停放和出入停车场制度，场内要有严格的防火、防盗等安全措施。

十三、贵重及危险品运输管理规定

1. 贵重及危险品的范围

（1）贵重商品的范围：

①黄金饰品、玉制品、玻璃器皿。

②精密仪器、计算机、高档家用电器。

③摄像、照相器材。

④工艺制品、钟表。

⑤皮毛制品。

⑥珍贵食品、补品、名贵药材。

（2）危险商品的范围：

①食品类：烟、酒、茶等。

②百货类：打火机、丁烷气、杀虫剂、樟脑粉等。

③化妆类：摩丝、发胶、香水、指甲油等。

2. 贵重及危险品运输要求

各商店在委托运输贵重和危险品时，需在货运单上注明"贵重"和"危险品"字样，并交代清楚品种、数量及特运要求。

（1）贵重商品运输要求：

①双方需认真查验货物及运输现场条件，确定合理的运输方案。

②运输时应选派机械性能好的车辆和驾驶技术好的司机，指派作风正派、工作认真负责的人员专门押运。

③设专人采取有效措施保护、监装、监卸。

④各商店应及时办理保险业务，出现问题及时通知有关部门并报告上级领导，求得妥善解决。

⑤运输途中不准停车。如遇特殊情况必须停车时，押运及保安人员应采取监护措施。做好停车地点、时间、原因等情况记录备查。

（2）危险品运输要求：

①指派专车专人押运，严禁混装运输。

②押运员要掌握危险商品的性能，严格按操作规程作业，杜绝野蛮装卸。

③运输中途需停车时，严禁靠近高温明火场所，停车场地严禁吸烟。

④货物未交接清楚时，押运员不得离开现场。

（3）凡因违反运输要求而造成商品损失的，应追究当事人的责任，按有关规定处理。

十四、储运油料管理制度

物流中心机动车用油由储运部统一管理。

（1）所用油票由储运采购员定期购入。每次购入的油票，应交储运部财务办理入库手续。

（2）司机用油统一到储运部财务领取，由财务办理出库手续。

（3）各专业商店用油，由司机或指定专人，月初一次性领取所规定数量的油票，由财务办理出库手续。

（4）储运部所属机动车辆，每次领取油票数量为大客车100升，其他车辆60升。

（5）储运部财务每月按本部各车所用油量与实际行驶里程计算月总耗油量，同时算出单车费用。

（6）各专业商店因工作需要要求增加油量时，可到储运部财务计价购买所需油票。

（7）提倡勤俭节约精神，开展节约竞赛，鼓励广大司机提高驾驶技术，节省油料。实行用油奖罚制度，凡节油者，每升按油价的30%给予奖励，凡无故超指标用油者，每升按油价的11%处罚。

（8）要按规定使用油票，严禁倒卖非法获利，如有违反，严肃处理。

十五、配送中心经理岗位职责

（1）合理安排配送中心人员的工作，制定配送中心各项管理制度。

（2）组织库存商品盘点，发现问题及时上报处理。

（3）依据公司制度及有关规定，规范商品进出库工作流程，严把货物出入库关。

（4）合理调配运输车辆，保障商品流转的正常进行。

（5）加强对残次商品的管理，将每日发现的残次商品及时上报业务部，请示解决方案。

十六、配送中心主管岗位职责

（1）直接对配送中心经理负责。

（2）按物流中心要求对配送中心人员进行监督和管理。

（3）负责筹划和控制具体配送工作。

（4）负责贯彻落实配送中心的各项规章制度。

（5）负责配送中心的工作规程和管理制度的修改。

（6）负责配送中心员工的工作进度和工作绩效的检查和审核。

（7）根据本中心商品流转程序的有关规定，对配送中心相关单据进行审核。

（8）负责配送中心设备操作和业务流程的培训工作。

（9）负责配送中心的商品安全。

（10）了解配送卡登记情况，提高本中心的配送效率。

（11）负责申购及保管配送中心办公用品。

（12）认真完成领导交办的其他事项。

十七、配送中心传单员岗位职责

（1）直接对配送中心主管负责。

（2）负责单据的接收、传递、登记、分类、保管。

（3）跟踪单据处理，保证其时效性。

（4）确保单据的保密性。

十八、配送中心录入员岗位职责

（1）直接对配送中心主管负责。

（2）负责配送中心相关单据的录入、审核、确认等。

（3）录入单据要求规范、准确。

（4）按时打印业务单据。

十九、配送中心验收员岗位职责

（1）根据国家有关规定及物流中心的商品验收标准，认真对商品进行验收。

（2）要根据供应商的预送货量做好货位调整。

（3）配合供应商卸货，并按规定摆放整齐。

（4）验收员要对所验收商品的数量和质量负责。

（5）负责商品退换工作。

二十、配送中心仓库管理员工作职责

（1）建立健全库房商品账目，严格出入库手续。

（2）依据流程规定，负责对商品进行验收、组织装卸、清点数量、核对型号、记录编号，并办理一切入账手续。

（3）妥善管理残次商品，并及时上报领导。

（4）负责库存商品的码放工作。

（5）做好库区的防火防盗工作，保证库存商品的安全。

（6）负责安排库工的日常工作。

二十一、商品调拨单流转规程

（1）物流中心发货部门营业员根据收货单位要求调拨的商品品名和数量，填制一式 4 联"商品调拨单"，交柜组负责人同意并签名后，转交收货部门负责人。

（2）收货部门负责人签名后，交提货员到发货部门仓库（营业柜）提货。

（3）发货部门仓库（营业员）验单后，核单发货，经复核无误后加盖"货物付讫"章，仓库联留存记账，记账联转柜台做账转交核算员。其余两联退提货人随货同行。

（4）收货方经验收无误后加盖"货物收讫"章，收货方仓库联留存记账，记账联转发货部门营业柜做账。

二十二、配送中心仓库保管员工作流程

1. 入库

（1）组织库房人员卸货。

（2）清点商品数量。

（3）检验外观及包装，记录商品型号、编号等。

（4）依据进货批单，按价格、数量收货。

（5）将入库单交财务部输入计算机，并收回仓库联。

2. 提货

（1）门店提货人在开票员处开出销售小票。

（2）财务人员用计算机打出销售票。

（3）提货人将仓库联交库管员。

（4）库管员与提货人共同验货。

（5）合格品由库房人员依销售票上的数量发货。

第二节　物流运输与配送管理表格

二十三、材料运达回报单

贵公司委托铁路局货运服务部承运下列材料并于＿＿＿年＿＿＿月＿＿＿日运达＿＿＿＿＿＿＿。

提运凭证内所载各项材料如数收讫无讹，予以查收，除运损情形详附记录外，特先回报运输科查对。

材运托字第 号

提运凭证号码：
共　份

材料仓库：　　　　　　　主管：　　　　　　　收料人：

材料运损记录

提运凭证号码	材料名称	规格	单位	实提数量	实收数量	短少数量	运损情形	备注

注：本单由收料单位收料后，收料人切实填明运达日期并加盖收料之日戳，交承运者收执。

二十四、送货日报表

送货者姓名：　　　　　　　　　　　　　　　　　　　　年　　月　　日

时间	配送数量	交货金额	现收金额	配送总金额	现金		收款小计	收款率	出发时间	回公司时间	行程时间	出发前公里数	回公司公里数	行程公里数	耗油量
					现金收款	余账									
上午															
下午															
合计															
报告事项（客户反映）															
1. 对本公司的意见															
2. 商品方面															
3. 单价方面															
4. 对于售货的要求															
5. 对于售后服务方面的要求															
6. 其他															

二十五、商品交货日报表

编号：　　　　　　　　　　　　　　　　　　　　　　年　月　日

委托出货编号	出货地点	货品样式	个数	件数	商品内容			数量	交货地点	保险	备注
					大分类	中分类	小分类				

二十六、成品材料收发月报表

材料类别　□原材料　□物料　□呆料　□废料　　　　年　月　第　页　共　页

材料编号	材料名称	规格	单位	上月结存		本月进库		本月领出		本月结存		备注
				数量	金额	数量	金额	数量	金额	数量	金额	

二十七、领用材料记录表

产品号码			产品型号			领料人姓名	
日期	预订用料量	领用材料规格	领料数量	退料数量	实际领料量	实际用量	备注
合计							
标准用量		省用数量		省料奖金		记录员	

二十八、物料欠发单

年　　月　　日

领料单位				
材料编号	名称规格	单位	欠发数量	备　注
欠发原因				

主管单位：　　　　　采购单位：　　　　　填表人：

二十九、退货单

厂商：　　　　　　　　　　　　　　　　　　　年　　月　　日

材料编号	名称	数量	备注	签章
退货理由：				

　　主管：　　　　　　　　　　　　　　　　　　填表：

第五章　物流成本、质量管理制度与表格

第一节　物流成本、质量管理制度

一、生产成本控制制度

（一）总　则

1. 为了加强成本管理，降低成本耗费，提高经济效益，根据国家有关成本费用的管理规定，结合企业实际制定成本制度。

2. 在成本预测、决策、计划、核算、控制、分析和考核等成本管理各环节中，要抓住成本控制这个中心环节并贯穿到成本管理的全过程，以实现目标成本，提高经济效益

3. 在厂长领导下，由总会计师负责组织，以财务部门为主，有关部门密切配合，在企业范围内按分级归口管理原则实行成本管理责任制，做到人人关心成本，事事讲究成本。

4. 为了实现企业的生产经营目标，实行目标成本管理，企业建立成本中心，将目标成本进行层层分解，把责任成本与企业、部门、车间、班组、各岗位或职工个人的责任挂钩，使每个职工都承担一定的成本责任。

5. 在生产经营的全过程开展有效的成本控制。

（1）在市场预测等过程中，进行成本预测、决策，确定目标成本，制定费

用预算和成本计划，进行成本的事前控制。

（2）在生产、制造等过程中，实行定额成本或标准成本核算，分析和控制成本差异，将成本指标分解落实，进行成本的事中控制。

（3）在销售服务等过程中，编制经营成果、成本指标完成情况及成本报表，对目标责任成本及降低成本的效果进行考核分析，进行成本的事后控制。

6. 严格遵守国家的规定，不得扩大和超过成本开支范围和费用开支标准。财会人员有权监督、劝阻乱挤成本、擅自提高开支标准、扩大开支范围的行为，有权拒绝支付不符合国家规定的开支，并有权向厂长直至上级财务主管部门报告。

7. 企业的下列支出不得列入成本费用：

（1）为购置和建造固定资产、购入无形资产和其他资产的支出。

（2）对外投资的支出，被没收的财物。

（3）各项罚款、赞助、捐赠支出。

（4）国家规定不得列入成本费用的其他支出。

（二）成本控制要领

1. 做好各种定额工作，要求完整、齐全，达到先进水平。

2. 制定企业内计划价格，力求合理、稳定。一般在一年内不变，但每年要结合实际情况调价一次，减少价差。

3. 整理原始记录，做好统计工作，要求凭证完整、数据准确、报表及时。

4. 配备好计量装置和流量仪表，要求计量科学、数字准确、计费合理。

5. 建立财产物资管理制度，要求收发有凭证、仓库有记录、出厂有控制、盘存有制度，保证账实相符。

（三）目标成本

1. 目标成本，是某一产品在一定时期要求实现的成本水平。发展新产品和改造老产品，都应实行目标成本管理。要从产品设计入手，事前控制产品成本水平，使产品既保持应有的功能，又能体现最低的成本。

2. 目标成本管理的程序：依据市场调查和经济预测及企业的目标利润提出单位产品目标成本，作为设计产品耗用材料与工费的限额；开展价值工程，力求功能好、成本低，据以评价产品的设计方案，进行经营决策，指导产品投入生产过程以后，有目标地进行成本控制，不断地降低产品成本，提高经济效益。

3. 目标成本的制定，一般可采用下列公式：

单位产品目标成本 = 预测销售价格 - 应纳税金 - 目标利润

（1）由销售、财务、技术等部门负责预测销售价格，在市场调查和经济预测的基础上进行预测。

（2）目标利润是企业在计划期必须努力实现的利润水平，由财务部门负责，根据企业预期的销售利润率或资金利润率加以确定。

4. 在产品投产前，应通过对成本与功能关系的分析研究，开展价值工程，选择最佳方案，制定目标成本。其基本公式：

$$价值 = \frac{功能（或效用）}{成本（或生产费用）}$$

公式说明：价值与功能成正比，与成本成反比。要使产品保持应有的功能，又体现最低的成本，必须从改善功能和降低成本两个方面想办法，其途径是：

（1）功能不变，成本降低。

（2）成本不变，功能提高。

（3）功能提高，成本同时降低。

（4）功能略有下降，同时成本大幅度下降。

5. 目标成本制定后，要以财务部门为主，会同生产、技术、劳资等部门进行分解和分配，作为设计、工艺、试制、投产等过程的主要经济数据加以控制，依靠职工群众努力实现目标。

（1）按料、工、费项目进行分解，分配给设计、工艺等技术部门及生产、劳资等部门。

（2）按产品的部件、关键性零配件进行分解，分配给设计、工艺、科研等技术部门。

（3）按可控制的现行成本进行分解，分配到各部门、分厂、车间、班组。

（四）成本计划

1. 成本计划的编制：

（1）以目标成本为方向，定额成本为基础，形成先进可行的成本指标体系。

（2）与有关业务计划（销售、生产、采购、人工等）和财务计划（现金、费用、预计财务报告表等）部门进行试算平衡，使成本具有可操作性并达到同行业先进水平。

2. 成本计划的体系：

（1）年度成本计划，应在为实现企业生产经营目标中的销售目标和利润目标及降低成本措施方案的基础上，以固定费用预算、生产费用预算和主要产品单位成本计划为重点。

（2）季度成本计划，应以主要产品单位成本计划和分厂、车间、部门的成本计划为重点。

（3）成本计划的编制工作，由总会计师负责组织，以财务部门为主，销售、技术、生产、计划、供应、劳资等部门密切配合参加制定。

（4）年度和季度的成本计划草案，应由总会计师审查后提交厂务会议批准，然后通知全厂执行。

3. 成本计划的程序：

（1）根据企业生产经营目标中的销售目标和利润目标及固定费用和变动费用的预测进行平衡，确定计划期内产品成本的控制数字。

（2）制订计划期内降低成本的主要措施，包括采用新技术、新工艺、新材料及改进经营管理等节约物质消耗和劳动消耗的措施。

（3）在成本计划控制数字和降低成本措施的基础上，编制当期的固定费用计划；拟订压缩主要产品的工、料消耗的计划指标，并据以编制主要产品单位成本计划和生产费用预算。

4. 成本计划的内容:

(1) 降低成本措施方案或增产节约的措施规划,包括改进技术、节约消耗、修旧利废、提高工效、减少废品、增加销售、改进管理等增收节支措施。

(2) 固定费用预算,包括基本固定费用和半固定费用。按照销售目标和目标利润,进行"本量利分析",确定固定费用和变动费用的控制数字。对半固定费用与产值变动的关系,应积累资料,统计分析,确定相关比例。

(3) 主要产品单位成本计划。主要产品包括商品产品和自制自用的产品成本、工料消耗,应以原有的定额为基础,依据降低成本措施加以压缩。

(4) 按主要产品和成本项目分别编制产品成本计划。

(5) 生产费用预算。以固定费用预算和按产值确定的变动费用为基础,控制生产费用总额。调整计划期内的产品增减数额后,即可反映当期产品的计划成本。

(6) 制造费用预算。按照规定的项目,考虑计划期内产量可能发生的变动,编制能适应多种产量的制造费用的弹性预算。

(五) 定额标准成本

1. 定额标准成本,是以材料技术消耗定额、劳动工时定额、费用预算定额为定额标准用量,以材料计划价格、每工时计划工资率、每工时计划变动费用分配率为计划标准价格所计算的定额成本。

2. 按直接材料、直接人工、变动制造费用、固定制造费用四个成本项目计算产品的定额成本。其计算公式为:

直接材料定额成本 = 定额用量 × 计划价格

直接人工定额成本 = 定额工时 × 计划小时工资率

变动制造费用定额成本 = 定额工时 × 计划费用分配率

固定制造费用定额成本 = 固定制造费用预算

产品定额成本 = (1) + (2) + (3) + (4)

产品实际成本 = 产品定额成本 ± 成本差异 ± 定额变更

3. 以定额成本为依据，按毛坯、加工、装配等车间、分厂计算各生产步骤的分步成本，据以计算产品的定额成本。

毛坯包括铸、锻、板、原材料件，加工包括重大件、中小件和加工件，装配包括各种产品的装配。其计算公式为：

原材料定额成本＝∑定额用量×计划价格

毛坯件加工定额成本＝∑定额工时×计划工资率

毛坯件全部定额成本＝（1）＋（2）

加工定额成本＝∑定额工时×计划小时工资率

加工件全部定额成本＝（3）＋（4）

装配定额成本＝∑定额工时×计划小时工资率

装配全部定额成本＝（5）＋（6）＋外购配套件定额成本＋包装和其他材料定额成本

产品定额成本＝（7）

4. 按成本类型选择适用的控制制度见下表。

成本类型		适用的控制制度
变动成本	直接材料	定额成本或标准成本
	直接人工	定额成本或标准成本
	变动制造费用	弹性预算
固定成本	酌量性固定成本	经过协商的固定预算
	约束性固定成本	根据专门决策预算制定的固定预算

5. 如按现行定额作为标准用量，将计划价格作为标准价格，则计算出的定

额成本与标准成本是一样的，但两者作为成本核算方法或制度则是有区别的。

（六）成本差异分析

1. 直接材料成本差异计算公式：

直接材料成本差异＝直接材料用量差异＋直接材料价格差异

直接材料用量差异＝计划价格×（实际用量－定额用量）

直接材料价格差异＝实际用量×（实际价格－计划价格）

2. 直接人工成本差异计算公式：

直接人工成本差异＝直接人工效率差异＋直接人工工资率差异

直接人工效率差异＝计划工资率×（实际工时－定额工时）

直接人工工资率差异＝实际工时×（实际工资率－计划工资率）

3. 变动制造费用差异计算公式：

变动制造费用差异＝变动制造费用效率差异＋变动制造费用分配率差异

变动制造费用效率差异＝计划变动费用分配率×（实际工时－定额工时）

变动制造费用分配率差异＝实际工时×（实际分配率－计划分配率）

4. 固定制造费用差异计算公式：

固定制造费用差异＝固定制造费用效率差异＋固定制造费用预算差异

固定制造费用效率差异＝计划固定费用分配率×（实际工时－定额工时）

固定制造费用预算差异＝固定制造费用实际开支数－实际工时×固定制造费用计划分配率

5. 成本差异的有利和不利。

凡实际成本大于定额成本为超支，是不利因素，上式差异分析计算结果为正数；凡实际成本小于定额成本为节约，是有利因素，上式差异分析计算结果为负数。

6. 成本差异的量差和价差。

发现实际成本脱离定额成本发生偏差，就需要分析成本差异的量差和价差，以便进一步查明原因，采取积极措施纠正偏差，以控制成本超支或进一步挖掘内部潜力，增收节支。

（七）成本管理责任制

1. 成本管理责任人。

（1）厂部成本管理在厂长领导下，由总会计师负责组织，以财务部门为主，有关部门参加，对全厂成本进行预测、决策、计划、核算、控制、分析、考核和监督。

（2）分厂、车间成本管理在分厂厂长或车间主任领导下，以财会室为主，有关部门参加，对本单位的成本进行计划、核算、控制和分析。

2. 建立成本指标控制体系，实行归口管理。

（1）生产计划部门负责归口制定、管理产品产量、品种、出产期等指标。

（2）物资供应部门负责归口制定、管理原材料、燃料、外购配套件等的消耗指标和材料利用率指标。

（3）设备动力部门负责归口制定、管理动能消耗指标、设备保养维修指标及设备完好率指标。

（4）设计、工艺、科研等技术部门负责归口制定、管理试制新产品和改进老产品的目标成本，以及技术革新、技术改造、设计图纸等费用指标。

（5）劳动工资部门负责归口制定、管理工资基金、劳动生产率、工时利用率等指标。

（6）质量管理部门负责归口制定、管理废品率、废品损失限额以及检验费等指标。

（7）行政管理部门负责归口制定、管理行政管理费用指标。

（8）工具部门负责归口制定、管理工具消耗、自制工具成本等指标。

（9）销售部门负责归口制定、管理销售费用指标。

（10）财务部门负责归口制定、管理利息、折旧费等指标。

3. 加强定额管理和预算管理。

成本计划和成本指标及生产费用的管理，都是以定额和预算为基础的，因此必须加强定额管理和预算管理。如对原材料要实行限额发料，定额送料；对燃料、动力实行凭证或定量供应；对各项费用按计划和预算控制，实行凭证凭本支用办法，或实行"厂内银行"核算控制，凭"厂内银行支票"办理领用支付结算等办法。要经常检查定额和预算的执行情况，解决执行中出现的问题，保证降低成本计划指标的实现。

4. 成本计算公式。

建立成本中心，按车间、分厂、部门（指生产、销售、财务等部门）、总厂四个经营层次实行责任成本。其计算公式：

车间责任成本 = 可控直接材料成本 + 可控直接人工成本 + 可控制造费用成本

分厂责任成本 = $\sum$ 各车间责任成本 + 分厂的可控费用

部门责任成本 = $\sum$ 各分厂责任成本 + 部门的可控费用

总厂责任成本 = $\sum$ 各部门责任成本 + 总厂的可控费用

（八）成本分析考核

1. 成本考核指标。

（1）企业成本考核指标：

①主要产品（包括铸、锻、原、板件）单位成本（元）。

②百元商品产值总成本。

③可比产品成本降低率（％）。

④固定费用总额（元）。

⑤成本费用利润率（％）。

（2）分厂、车间成本考核指标：

①铸件、锻件、原材料件、板焊件吨成本（元）。

②每工时加工费（元）。

③产品单位成本（元）。

④百元总产值生产费用。

⑤制造费用总额。

2. 内部成本报表。

（1）产品生产成本表。

（2）主要产品单位成本表。

（3）产品生产、销售成本表。

（4）变动制造费用明细表。

（5）固定制造费用明细表。

（6）销售费用明细表。

（7）管理费用明细表。

3. 有关技术经济指标。

有关技术经济指标及其计算公式：

（1）材料利用率＝净重÷消耗定额

（2）工时利用率＝定额工时÷实际工时

（3）设备利用率＝实动工时或开足班次÷计划动工时或开足班次

（4）废品率＝废品（工时或重量）÷产量（工时或重量）

（5）焦铁比＝焦炭÷金属炉料

4. 增产节约措施分析。

（1）技术革新。计算公式：

提高工效增产工时＝革新前加工需要工时－革新后加工工时

节约消耗＝革新前消耗－革新后消耗

（2）改进设计。计算公式：

节约消耗＝设计改进前的消耗－改进设计后的消耗

（3）修旧利废。计算公式：

节约价值＝修复利用价值－废旧物资残值

（4）改制利用。计算公式：

节约价值＝加工改制后可利用的价值－加工改制费用－材料残值

（5）减少废品。计算公式：

节约材料或增产工时＝当月完成产量×废品降低率

（6）节约消耗。计算公式：

节约消耗 = 当月材料物资领用定额 − 实际领用

（7）降低费用。计算公式：

节约费用额 = 当月费用预算定额 − 实际费用开支

5. 建立内部成本分析考核制度。

（1）成本分析，主要是利用成本核算资料与目标成本、上年实际成本、同行同类产品成本进行比较，查明影响成本升、降的因素，揭示节约与浪费的原因，寻求进一步降低成本的方向和途径，拟定进一步降低成本的要求和措施。

（2）成本考核，主要是以各责任者为成本考核对象，按责任的归属来核算有关的成本信息，考核评价其工作业绩。

（3）企业内部要定期进行成本分析，把成本考核与工效挂钩，与效益工资、奖金挂钩，有奖有罚，以充分发挥成本分析考核的作用。

（九）附　则

1. 本制度经厂务会议审查批准，并报财税机关备案，由厂部通知全厂实施。
2. 本制度由总厂财务部门负责解释和修订。

二、产品成本核算办法

根据《全国××行业工业成本核算规程》，结合企业的生产实际，经企业职代会研究通过，特制定本办法。

1. 企业实行三级核算制

采用逐步结转分步法实行班组、车间、公司三级核算。

2. 成本核算任务

（1）认真贯彻执行成本管理的有关法令和制度，正确及时地计算反映生产过程中所发生的各项成本。

（2）准确、合理地计算产品总成本和单位成本，掌握计划成本的执行情况；分析成本资料，提出降低成本的措施。

（3）建立定期盘点制度，正确计算产成品和产品成本，划清开支界限，为销售定价提供依据。

3. 产品成本的核算对象

凡经一定的生产工艺过程而出售的产品（部件）均应进行成本核算。

4. 成本项目和生产费用

（1）原料及主要材料项目。

（2）燃料（煤）、电费。

（3）工资及职工福利费。

（4）车间经费。

5. 生产费用的汇集和分配

（1）材料的成本价为计划价格加分摊差异。计算材料成本价时，能直接计入的直接计入，不能直接计入的按产品重量、体积、消耗量定额等分配计入。

（2）工资分别按工序计算、按工时分配。

（3）职工福利费的计算和分配与工资相同。

（4）车间经费、动力费按工时分配。

6. 产品成本的计算方法

产品成本采用分步法计算，即按产品的工艺过程划分为××成本的核算、××的核算、组装成本的核算和辅助生产的核算。

7. 费用的核算管理

具体措施（略）。

三、质量成本管理办法

（一）总 则

第一条 为动员全厂各个部门、车间的全体职工对质量及产品质量成本进行核算、分析、控制和考核，提高管理水平，增加经济效益，保证全厂产品实现质量、成本和效益的最佳结合，特制定本办法。

第二条 质量成本管理是一项系统工程，需要全厂各部门全面协同配合。各部门在质量成本管理上，应按本办法规定的职能发挥各自的作用。

（二）质量成本管理机构设置

第三条 质量成本管理涉及面广，专业性强，为搞好这项工作，决定建立以总会计师为首的质量成本管理中心，该中心由"全质办"、财务科、技术科、服务科、科研所、销售科负责同志组成，定期开展质量成本分析研究。

第四条 按照"归口管理、集中核算"的原则，由车间成本核算员、科室专（兼）职核算员负责本单位的质量成本核算，财务科设专职质量成本会计负责全厂的质量成本核算。质量成本核算实行车间（职能部门）和厂部（财务科与"全质办"）两级核算体制。

（三）质量成本核算的基本任务和内容

第五条　正确核算质量成本、质量收入和质量经济效益，降低控制质量过程的耗费，争取质量收入的提高，寻求增加质量经济效益的途径和方法，为提高质量管理提供信息资料。

第六条　质量收入包括新产品研究收入、设计试制收入、生产质量收入、质量检验收入、销售质量收入、技术服务收入和其他收入等。

第七条　质量成本包括新产品试制成本、内部故障成本、外部故障成本、鉴定成本和预防成本等。

第八条　质量收益包括本期实现质量收益、潜在质量收益、质量社会效益等。

第九条　质量成本核算要划清三个界限，即：划清质量成本收益与非质量成本收益的界限；划清各种产品的质量成本与质量收益的界限；划清质量成本中实现收益与潜在收益的界限（或显见与隐含的界限）。按照本厂实际情况，确定质量成本开支范围为：

（1）开展全面质量管理活动所耗用的材料、办公费、差旅费及劳动保护费。

（2）质量检测仪器、仪表、工量具购置、折旧和维护费用。

（3）产品、半成品、外购件和原材料的试验、检验、评审费。

（4）质量管理人员工资、附加费和部门经费。

（5）产品出厂前由于质量缺陷造成的材料和人工等损失，包括废品损失、不合格品返修费用、产品降级损失、停工损失等。

（6）"三包"费用及有关折价损失与赔偿费用。

（7）用于质量管理的奖励支出与培训费。

（8）其他与质量管理有关的费用。

第十条　加强基础工作。各单位要根据质量成本核算的要求，健全原始记录与管理制度，把会计核算的原始记录统一起来，使预测、计划、控制和考核分析工作标准化、程序化、制度化。

第十一条　根据核算要求，建立统计台账，做好质量资料的统计与归档工作，以便形成完整的历史资料。

第十二条　质量成本计划与控制是 TQC（全面质量管理）计划的重要组成部分，也是控制产品质量和生产工作质量的科学手段，故每季度均应由"全质办"牵头，财务科配合编制质量成本计划。

第十三条　以产品质量形成过程为控制对象，做到日常控制、事前控制和定期检查相结合，以班组为重点进行工序控制，使质量、成本与效益达到最佳结合。

（四）质量成本核算方法

第十四条　质量成本核算采用会计核算与统计核算相结合的方法，即对于实现（或显见）收支采用会计核算方法，对于潜在（或隐含）收支采用统计核算方法。质量成本以会计核算为主，质量收入与收益则以统计核算为主。

第十五条　采用质量核算与财务会计核算相结合的形式，可不专设质量核算科目与账户。

第十六条　实行质量成本核算与考核，可使质量成本下降、产品升级创优，增强产品的竞争能力，扩大产品销售，提高市场占有率，给企业带来现实和潜在的经济效益。在计算质量成本的同时计算质量收入和效益，主要采用统计核算方法。质量成本是保证和提高产品质量的耗费，质量收入则是产品质量提高之所得，与相关指标比较，反映企业实现的和潜在的质量效益。质量效益计算如表一、表二所示：

表一 质量效益计算表

项 目		实 现 效 益	潜 在 效 益
销售质量收入	优质优价收入	国优、部优、省优本年加价收入 × (1 − 税率)	年度加价收入
	等级提高收入	$\left(\dfrac{\text{本期平均}}{\text{等级系数}} - \dfrac{\text{上期平均}}{\text{等级系数}}\right) \times$ 数量 × 一等品单价 × (1 − 税率)	按四季度求系数差计算年度收益
	增加销售额收入	本年由于质量因素增加的销售额 × 销售利润率	按四季度增加销售额计算年度收益
	合 计		
生产质量收入	废品减少节约额	$\left(\dfrac{\text{上期}}{\text{废品率}} - \dfrac{\text{本期}}{\text{废品率}}\right) \times$ 本期成本总额	按四季度废品率求差计算年度收益
	返修品减少节约额	上期返修费 − 本期返修费	按四季度返修费求差计算年度收益
	停工损失减少额	上期损失额 − 本期损失额	按四季度损失额求差计算年度收益
	外部故障成本减少额	同上（或：预算数 − 实际数）	同上
	鉴别成本减少额	同上（或：预算数 − 实际数）	同上
	预防成本减少额	同上（或：预算数 − 实际数）	同上
其他质量收入	新产品研制收入	实际收入（或比上期增加额）	按四季度收入额求差计算年度收益
	技术服务收入	同上	同上
	质量咨询收入	同上	同上
	质量检验收入	同上	同上
	合 计		
总 计			

表二　考核及评价指标

项　目	上　年		本　年		增　减	
	金　额	比重	金　额	比重	金　额	比重
质量成本　内部故障成本						
质量成本　外部故障成本						
质量成本　鉴别成本						
质量成本　预防成本						
总　计						

项　目	上　年		本　年		增　减	
	金　额	比重	金　额	比重	金　额	比重
质量核算指标　质量成本比重率						
质量核算指标　销售收入质量成本率						
质量核算指标　产值质量成本率						
质量核算指标　销售收入质量收入率						
质量核算指标　销售利润质量收益率						
文字说明						

注：如有显著社会效益，还可计算上缴利税增加额、延长产品寿命周期对社会的增值效益等。

（五）　质量成本的分析与考核

第十七条　每月要进行一次质量成本分析，各车间、部门主要应对质量成本的各个项目发生额及其增减原因进行分析；财务科主要进行数据分析；"全质办"负责综合分析。

数据分析，主要是从质量成本绝对额的升降、项目构成的变化趋向中找出质量成本管理的关键问题。通过构成分析与因素分析，观察变化趋势是否合理，明确影响变动的因素，使之符合故障成本为最低值、鉴别与预防成本保持必要水平、两者变动值之和达到最大正值的要求，亦即符合质量成本最佳值的要求。

综合分析，要结合产品生产质量和质量成本的变化与联系，运用数理统计和TQC的基本方法，对影响产品与生产质量的重要因素进行深入调查。应用排列图、对比图、趋势图及质量成本曲线图等，既可制定出提高产品与生产质量水平的具体措施，又可找到质量成本的最佳区域以及降低质量成本的办法。

第十八条　在厂长领导下，由总工程师负责组织改进产品质量工作；总会计师组织质量成本核算工作；"全质办"负责TQC和质量成本工作的综合、监督和管理工作，制定质量和质量成本计划，并按月考核；财务科负责全厂质量成本核算，汇总编制质量成本报表。

（六）　质量成本报表（略）

（七）　附则（略）

四、成本损耗控制管理制度

（1）原材物料、商品及备用品，属供货方因包装不符合规定而造成破损或数量不足而产生的损耗，应由运输部门做出鉴定，物流中心储运部门协同业务部门填制"商品、原材物料损耗查询报告书",发往供货方追索补偿。在供货方未偿付损失金额前,所损耗数量、金额列入"待处理损失"科目,收到供货方赔偿款项后冲销该科目的余额。

(2)原材物料、商品等在运输中所发生的损耗,由有关部门报财务部加具意见呈总经理审批,经批准报损的金额在"坏账损失"科目列支。

(3)原材物料、商品等在运输过程中,由于储运部门装卸不负责任造成破损或丢失所产生的损耗,应查明原因,根据当时的实际情况,由经办人员担负全部或部分经济责任,再由有关部门经理审查,会同财务部审批,报总经理审阅批示。

(4)营业部门结合国家对有关部门规定的毛利率控制标准及当前实际情况,制定各部门、各营业项目的毛利率指标,并按旬、按月逐期予以追踪反映和分析考核。

(5)对各职能部门可控的变动费用,按年计划分解,建立费用责任中心,采用控制费用或其他方式进行有效控制。

五、分批成本会计管理制度

(一) 总 则

第一条 本制度系依企业会计处理准则而制定。

第二条 本制度的产品对象为企业的主导产品电解式电容器。

第三条 成本是指制造产品所需提供的原物料、劳务及其他开支,即产品制造过程所发生的一切费用支出。

第四条 企业产品成本包括下列各项:

(1)直接材料。

(2)物料。

（3）直接人工。

（4）制造费用。

第五条　企业采取分批法计算产品的成本。

第六条　企业成本计算以产品为中心。

第七条　成本结算期间以每月计算一次为原则。

第八条　成本金额计算到元，单位成本计算保留小数点后两位。

第九条　企业产品的计算均以 PC（个）为单位。

第十条　生产部门应每日将原材料领用报表、生产报价表报送会计部门，人事部门应于次月 5 日前将各部门的薪金资料报送会计部门作为计算成本的依据。

第十一条　成本会计的计算应按产品分类做出单位成本分析，以供各部门作为生产管理或决策的参考，如有超量耗用原材料，人工或费用发生重大差异时，应查明原因，提出报告。

（二）材料成本的处理

第十二条　计入成本的材料包括：

（1）直接材料。下列各项分别直接计入各产品成本。

①铝箔。

②电解纸。

③衬垫。

④铝壳。

⑤塑胶管。

（2）物料。下列各项分别计入各产品成本。

①电解液。

②脱脂剂。

（3）间接材料。下列各项设备维修材料按制造费用分别摊入各月产品成本内。

①机械修理用料。

②金属五金材料。

③工具类。

④电器材料。

第十三条　材料成本的计算，采用加权平均法，新购进材料价格除其货款外，其他附加费用（如运费、保险费、关税等）均应计入材料成本。

（1）材料领用及退回均应填具领、退料单，办理进、退料手续。

（2）领、退料凭证应依规定填写并经有关主管核准。

（3）发料人员应将领料、退料或发货单据连续编号，于次日送交会计人员登入存货账。

第十四条　仓库部门每月5日前应将上月的收发存月报表按材料、产品分类报送会计部门核对。

（三）人工成本的处理

第十五条　人工成本为支付员工的基本工资、加班费、奖金及各项津贴补助、劳动保险支付等。

第十六条　人工成本依照人事部门每月编制的"薪金发放表"区分为直接人工或间接人工：

（1）直接人工，是指生产部门直接从事生产操作、维护及现场主管人员的劳动报酬，其人工成本依其重点产品分摊率分别摊入该产品内。

（2）间接人工，是指服务部门员工报酬及主管级人员的薪金，作为制造费用的一部分分别计入产品。

第十七条　会计部门依据"薪金发放表"编制转账传票登账。

（四）制造费用的处理

第十八条 制造费用发生时应按其性质，根据有关原始凭证编制记账凭证，并记入制造费用明细分类账，各项费用于每月终了结总后编制"费用汇总比较表"。

第十九条 每月服务部门的费用除计入"费用汇总比较表"外，并依"人工费用分摊基准表"分摊计算。

（五）成本计算项目及其依据

第二十条 成本计算分为：

（1）原材料成本计算。

（2）直接人工成本计算。

（3）制造费用成本计算。

第二十一条 成本计算依据的资料为：

（1）生产月报表。

（2）薪金发放表。

（3）原材料收发存月报表。

（4）费用汇总比较表。

（六）产品生产成本计算办法

第二十二条 企业电解式电容器的成本计算采用分批实际成本计算制度。

第二十三条 由生产管理部门设定各成品的材料标准耗损率、直接人工与制造费用分摊率和现有机台、人员配备月标准产量等。

第二十四条 会计人员根据生产管理部门设定的标准产量制订出整个企业的

标准材料成本、标准直接人工与标准制造费用，并按生产管理部门规定的损耗率、分摊率以产品标准成本表分别设定出各产品的单位标准生产成本。

第二十五条　每年视原料、直接人工及制造费用实际变动状况予以修正产品标准成本表。

第二十六条　会计人员每月根据实际直接人工与制造费用资料编制"费用总比较表"，汇总统计当月发生的制造成本，并按"基准单位成本分摊计算表"分摊计算各月的基准单位直接人工及制造费用，依据生产管理部门仓库管理人员编制的"原材料收发存月报表"核对会计库存账，统计当月各类材料耗用金额，用"基准单位成本分摊计算表"分摊计算各月基准单位材料成本。

第二十七条　会计人员每月将该月依"基准单位成本分摊计算表"计算得出的基准单位材料成本、直接人工与制造费用记入"产品生产成本计算表"各基准单位成本栏内，将各部门的直接人工、制造费用视材料的分摊率分别记入"材料耗用分摊基准表"及"人工费用分摊基准表"的成本计算分摊率栏内，并以此计算材料、直接人工及制造费用的单位成本，且合计为实际制造单位成本。

（七）统制账户及报告

第二十八条　企业成本账户与普通账户采用合一总账制，在总账中设统制科目，控制成本明细分类账。

第二十九条　各总账上的科目，月底余额应与各该有关成本明细账余额的总和相符。

第三十条　成本会计报告的内容与普通会计报告内容相互联系者，应互相核查，其编制应以会计簿记的记录为依据。

第三十一条　本制度呈总经理核准后实施。

六、分步成本会计管理制度

(一) 总　　则

第一条　企业成本会计事务处理准则及程序，除会计准则和企业章程另有规定者外，依照本制度处理。

第二条　由财务部成本室处理本企业的成本会计事务。

第三条　企业成本计算采用分步成本制，每月底计算成本一次。

第四条　本制度所称成本，是产品生产过程中所有支出，包括直接材料、直接人工及制造费用。

第五条　企业各类成本或费用，依权责基础制入账。

第六条　成本单位应视实际需要设置各种辅助账，包括原材料明细分类账、在制品明细分类账、制成品明细分类账、制造费用明细分类账，受总分类账各统制账户的统制。

第七条　企业产品数量与成本金额计算至小数点后两位为止，第三位四舍五入。

第八条　本企业生产过程中的损坏部分，应依其性质分别按下列方式办理：

(1) 生产过程中发生的损坏，其损坏部分的成本，由完好产品负担。

(2) 生产过程中，因意外事故发生损坏，其所耗用的成本一概以非常损失处理。

(二) 材　　料

第九条　材料的请购、订购、领用、保管、退料、盘盈 (亏) 及废料等的处理，依照本企业材料管理办法办理。

第十条　成本室依请购单、收料单及进货发票编制传票（其分录为：借"原材料"，贷"应付账款"），并将数量及金额分别记录于"材料明细分类账"。

第十一条　各部门领用材料时，应填发领用单，注明领料部门、品名、规格、用途，经主管签章后方得向仓库领料。仓库根据领用单发料，发料数量不得超过核准数量。

第十二条　领用单一式3联，第1联领料部门存查，第2联仓库留存，第3联送交成本室。成本室根据领用单统计汇编材料领用汇总表，并编制传票（其分录为，借："在制品——直接材料"、"制造费用——间接材料"；贷："原材料"），并据以登录材料明细分类账各账户的发生数量栏。

第十三条　材料领用的计价按账面成本采用平均法，其公式为：

$$\frac{上月底结存总价 + 本月进料总价}{上月底结存数量 + 本月进料数量} = 本月单价$$

第十四条　计入产品成本的材料分为：

（1）直接材料：直接供给产品制造所需，且能直接计入产品成本的原料。

（2）间接材料：间接用于产品制造，但并未形成产品本质；或虽形成了产品本质，但所占成本比例很小；或不便计入产品成本的原材料。

第十五条　由成本室会同有关人员，采用不定期盘点办法对材料进行盘点。盘点时应填制盘点单3联，第1联仓储室留存，第2联成本室留存，第3联置于材料存放处所。成本室应于盘点后15日内，编制材料差异报告表一式3联，第1联送仓储室，第2联成本室留存，第3联作为编制传票的凭证，记入材料明细分类账。

第十六条　材料盘损应由仓储室出具报告，说明短少原因，并由上级主管追究责任。

第十七条　材料明细分类账与总分类账的材料统领科目，平时数额可不相等，但月底成本室应与会计室对账核实，再开始计算材料的单位成本。

（三）人　工

第十八条　人工是指直接或间接参加生产而支付的一切报酬。但管理及市场部门人员的薪金属管理及发货费用，不在人工范围内。

第十九条　计入产品成本的人工可分为：

（1）直接人工：凡从事直接生产的员工报酬，能直接计入各产品的成本之内者，都属于直接人工。

（2）间接人工：从事行政、研究等工作和不直接从事生产的员工的报酬以及不能或不便直接计入产品成本者，都属于间接人工。

第二十条　总务室应设置出勤卡，每人每月一张，由人事室管理统计，据以编制薪金表两份，一份送成本室，一份由领款人签单存于人事室，于次年1月30日编好扣缴凭单后送会计室。

第二十一条　企业员工均应于到职前填妥扶养亲属表，由人事室收存，作为扣缴薪金所得税的依据。每次付薪时依法扣缴所得税，并于次月10日前缴纳至税务机关。

第二十二条　成本室根据薪金表，计算各生产部门及服务部门的直接人工及间接人工成本，并编制传票（分录为：借"在制品——直接人工"及"制造费用——间接人工"，贷"应付费用"），登入在制品明细分类账、制造费用明细分类账及应付费用明细账。

（四）制造费用

第二十三条　制造费用是指生产过程中除直接原料、直接人工外所发生的一切费用，包括间接材料、间接人工及其他费用。

第二十四条　为便于计算产品成本，制造费用应分为直接费用与分摊费用。凡总部及技术部门的制造费用，按特定的分摊基础及方法分摊于各生产中心，称为分摊费用；凡生产部门本身直接发生的费用，称为直接费用。

第二十五条 制造费用发生时，应对其发生原因及用途详加分析，并分别归纳于应负担部门。凡能确定其归属部门的，应于传票中注明其所属的成本中心；凡属共同性的费用的，应按合理的分摊基础和方法分摊至各产品中。

第二十六条 凡按实际发生金额计算成本属合理的费用，成本室应予合理分摊，计算该月份应分摊的金额，并列入制造费用项下，传票分录为：借"××费用"，贷"预估应付款"。

第二十七条 费用分摊按下列方式办理：

（1）服务部门费用以下列为基础摊入各成本中心：

①供电费用：按各成本中心实际耗电量分摊。

②供水费用：按各成本中心实际用水量分摊。

③供汽费用：按各成本中心实际耗用蒸汽量分摊。

④原动力费用：按各成本中心机器使用的空气压量分摊。

（2）总务部门及其他辅助部门之费用按各成本中心员工人数分摊。

第二十八条 每月底，成本室应根据制造费用明细分类账编制的制造费用汇总表及制造费用分摊表中所显示的各服务部门制造费用将其摊入各成本中心（传票分录为：借"在制品"，贷"制造费用"），并登入在制品明细分类账及制造费用明细分类表。

第二十九条 前项分摊基础方法，应视实际情况变化修正。

（五）成本计算与记账上报

第三十条 生产部门应于次月3日前递交生产月报表。生产月报表一式两联，第1联自存，第2联送成本室。

第三十一条 成本室根据全组报表编制原材料、在制品、制成品的收发存明细表。

第三十二条 成本室根据耗用直接材料明细表、制造费用及直接人工汇总分摊表，计算制成品及在制品的单位成本及总成本，并编制成本计算表。

第三十三条　成本室根据会计室编制的销货明细表编制产品规格损益表。

第三十四条　成品单位成本采用加权平均法计算，其公式为：

$$成品单位成本 = \frac{上月底结存总金额 + 本月生产总金额}{上月底结存量 + 本月总生产量}$$

第三十五条　成本室根据成本计算表编制传票（分录为：借"产成品"，贷"在制品"），并登入在制品明细分类账及制成品明细分类账。

第三十六条　成本室根据收发存明细表核对发票后编制传票，其分录为：借"发货成本"、"制造费用"，贷"产成品"。

第三十七条　成本室于每月结算完成后，将有关成本报表汇总送会计室。

七、产品标准成本表

年　　月　　日　　　　　　　　　　　　　　　　页次：

产品规格																
原料品名	代号	用料比率	每吨用量	用料比率	每吨用量	用料比率	每吨用量	用料比率	每吨用量	用料比率	每吨用量	用料比率	每吨用量	用料比率	每吨用量
合计																
说明																

制表：

八、原材料采购成本汇总表

年　月　日 页次：

原料		采购地区		料价		进口	运输费用		取得成本		付款条件与
名称	代号	国别	制造商	内销	外销	费用	金额	方式	内销	外销	方式

制表：

九、产品生产费用分摊表

年　月　日　　　　　　　　　　　　　　　　　页次：

费用科目	固定	变动	金额	工　　厂					管理部门		
				仓库	保养	生产一线	生产二线	生产三线	人事	总务	其他

制表：

十、质量管理部工作职责

质量管理部的工作职责：

（1）原物料入厂质量检验的执行及异常的反应与处理。

（2）生产过程中的质量检查及记录。

（3）成品检查及记录。

（4）成品各项功能性测验。

（5）检验器具的使用及保管。

（6）质量异常的处理及追踪。

（7）客户投诉质量异常的会同处理。

（8）各项质量有关工作的协调。

（9）执行质量管理的各种活动。

（10）质量不良原因分析、报告。

（11）外协质量检验。

十一、内部质量审核程序

1. 目的

通过内部质量审核，验证质量体系文件的实施效果以及各项质量是否符合质量体系要求，确保质量体系的有效性。

2. 适用范围

适用于本公司的内部质量体系审核。

3. **职责**

（1）主管生产的副总经理或总工程师作为管理者代表负责内部质量体系审核工作的组织，任命内审组长和审核员组成的审核组，批准《内部质量审核计划》、《内部质量审核报告》。

（2）内审组长负责《内部质量审核计划》的编制和审核工作的领导，以及与受审核部门关系的协调，编写《内部质量审核报告》。

（3）审核员负责编制检查表，进行现场审核，签发《不合格报告》。

（4）企划部负责内部质量审核的具体实施。

4. **工作程序**

（1）年度内部质量审核计划的制订。企划部于年初编制定本年度的内部质量审核计划，主要内容有审核目的和范围、审核的依据、各次内审活动的时间、参加审核的人员等，经管理者代表批准后发至相关部门/人员。

（2）审核的频次。内部质量审核每年至少进行 2 次。需要时，可随时安排局部或全局的审核。

（3）审核的准备：

①审核前，管理者代表负责任命内审组长，确定审核组成员。内审员应具备资格证书，并与被审核的部门无直接的责任关系。

②制定内审实施计划。内审组长制定《内部质量审核计划》，内容包括：

A. 审核的目的和范围。

B. 审核的依据。

C. 审核组成员名单。

D. 审核的日程安排。

③审核组预备会议。内审组长召开审核组预备会，向审核员明确审核的目的和范围，简要介绍受审核部门的情况，研究和商定审核的策略，落实分工，确定审核的日程安排，并规定审核纪律和应注意的事项。

④发放内审计划。审核组应以书面形式提前 3 天正式将内审计划发放到受审

核部门/人员。

⑤准备并收阅工作文件。审核员进行审核工作前，应事先备齐下列表格、文件和资料：

A. 审核日程安排表和任务分配表。

B. 检查表、不合格报告表。

C. 质量手册和与受审核部门的质量活动有关的程序文件、工作规程、上一次内审发出的《不合格报告》等。

⑥编制检查表。审核员根据收集到的文件和资料编写检查表。

（4）审核实施：

①首次会议。内审组长召开首次会议，审核组成员和受审核部门负责人及主要陪同人员参加。

②现场审核。内审员按照内审计划和编好的检查表到现场，通过观察、询问、查阅文件和有关记录等方式搜集证据。发现不合格项，经受审核部门/人员确认后，填写《不合格报告》。内审组长负责对审核的全过程进行控制。

③汇总、整理《不合格报告》。内审组长组织讨论审该结果，确定不合格项，与被审核部门交换意见后，填写质量体系内审不合格项目分布表。

④末次会议。审核工作完成后，内审组长主持召开末次会议，向质量安全管理委员会和受审核部门宣布审核结果，同时接受和答询受审部门提出的问题。

⑤《不合格报告》由审核员签发，受审核部门负责人确认后在《不合格报告》上签名。

⑥编写审核报告。《内部质量审核报告》由内审组长编写，应保证其具有正确性和完整性，并交管理者代表审批。

（5）责任部门根据不合格处理报告的要求制定、实施纠正和预防措施并限期纠正，内审组长负责按纠正和预防措施控制程序实施。

（6）《内部质量审核报告》由企划部发给各个受审核部门/人员和质量安全委员会成员。内部质量审核工作中形成的记录和报告由企划部归档保存，保存期为3年。

十二、检验标准的制定办法

第一条　制定检验标准的目的，是使检验人员有所依据，了解如何进行检验工作，以确保产品质量。

第二条　检验标准的内容应包括下列各项：

(1) 适用范围。

(2) 检验项目。

(3) 质量基准。

(4) 检验方法。

(5) 抽样计划。

(6) 取样方法。

(7) 群体批经过检验后的处置。

(8) 其他应注意的事项。

第三条　检验标准由工程单位、质量管理单位制定和修正。

第四条　检验标准内容的说明：

(1) 适用范围：即列明适用于何进料（含加工品）或成品的检验。

(2) 检验项目：即将实施检验时应检验的项目一一列出。

(3) 质量基准：即明确规定各检验项目的质量基准，作为检验时判定的依据，如无法以文字述明，则用限度样本来表示。

(4) 检验方法：即说明在检验各检验项目时，是分别使用何种检验仪器量规或是以感官检查（例如目视）的方式来检验，如某些检验项目需委托其他机构代为检验，亦应注明。

(5) 抽样计划：即采用何种抽样计划表。

(6) 取样方法：抽取样本必须由群体批中无偏倚地随机抽取，可利用乱数来取样，但群体批各制品无法编号时，取样时必须从群体批任何部位平均抽取样本。

（7）群体批经过检验后的处置：

①属进料（含加工品）者，则依进料检验规定有关要点办理（合格批，则通知仓储人员办理入库手续；不合格批，则将检验情况通知采购单位，由其依实际情况决定是否需要特采）。

②属成品者，则依成品质量管理作业办法有关要点办理（合格批可入库或出货，不合格批则退回生产单位检修）。

（8）其他应注意的事项：

①如检验时必须按特定的检验顺序来检验各项目时，则必须将检验顺序列明。

②必要时可将制品的蓝图或略图绘于检验标准中。

③要详细记录检验情况。

④检验时于样本中发现的不良品以及于群体批次中偶然发现的不良品，均应与良品交换。

⑤其他。

第五条　本办法经质量管理委员会核定后实施，修正时亦同。

十三、制程质量管理作业办法

第一条　目的。

确保制造过程质量稳定，并求质量改善，提高生产效率，降低成本。

第二条　范围。

原料投入经加工至装配成品止。

第三条　制程质量管理作业流程。

第四条　实施单位。

生产部检查站人员、质量管理部制程科及有关单位。

第五条　实施要点。

（1）操作人员依操作标准操作，每一批的第一件加工完成后，必须经过有关人员实施首件检查，等检查合格后才能继续加工，并且各组组长应实施随机检查。

（2）检查站人员依检查标准检查，不合格品检修后需再经检查，合格后才能继续加工。

（3）质量管理部制程科应派员巡回抽验，并做好制程管理与分析，还需将资料回馈有关单位。

（4）发现质量异常应立即处理，追查原因，并矫正及做记录，防止其再发。

（5）检查仪器量规的管理与校正。

第六条　本办法经质量管理委员会核定后实施，修正时亦同。

十四、质量记录控制程序

1．目的

运用质量记录以保证服务质量达到规定的要求，为确认质量体系是否有效运行提供可追溯性依据。

2．适用范围

适用于公司与质量活动有关的质量记录的控制。

3．职责

（1）各部门文件管理员负责按程序对本部门的质量记录进行控制。

（2）企划部负责对各部门质量记录的控制情况进行指导、检查。

4．工作程序

（1）本公司与质量体系有关的质量记录可分为质量体系实施方面的质量记录和质量体系验证方面的质量记录两大类。《管理评审报告》、《内部质量体系审核报告》、《合同评审记录》、《员工培训记录》、《不合格/纠正预防措施报告》等属质量体系实施方面的质量记录；入库单、《回访记录》等属服务质量验证方面的质量记录。

（2）质量记录表格的编码（略）。

（3）质量记录的填写应清晰、正确，内容完整，填写人、审核人、批准人应履行签字手续。

（4）质量记录的收集保管由各部门文件管理员负责，并依据质量记录表格清单相关内容的要求进行归档。各项质量记录要求清晰、完整，签字手续齐全，在保存的有效期内不得有破损和残缺。

（5）各部门的质量记录由文件管理员或指定人员负责保存，期限按《质量记录表格清单》的要求确定，保存场所应保持干燥通风，并采取适当的防护措施。质量记录还可以用磁盘方式保存。

（6）质量记录的查阅。如因工作需要查阅存档的质量记录，应填写质量记录查阅审批表，经主管领导批准后查阅存档的质量记录。在合同有规定或用户有要求的情况下，经部门负责人批准后也可以查阅记录。文件保管人员负责办理查阅手续。

（7）失效及过期的质量记录，应由保管部门及时进行销毁。

第二节　物流成本、质量管理表格

十五、质量记录表格清单

序号	质量记录名称	文件编码	保存部门/人	保存期限	审核人	批准人	日期	备注

十六、产品质量抽查表

制造号码			产品名称		生产数量		生产日程	月　日至　月　日															
工程名称	检验项目	上限	下限	抽查记录																			
				次	时间	1	2	3	4	5	次	时间	1	2	3	4	5	次	时间	1	2	3	4	5

十七、产品质量检测报告表

试验单位	
试验项目	
试验时间	
试验目的	
试验成本估计	
试验经过及项目	
试验结果	
其他需说明的情况	

厂长批示		主管意见	

十八、产品质量管理日报表

月　　　　日

制造批号	产品名称	目标数量	产量	抽样	不良率	产量	抽样	不良率	产量	抽样	不良率	产量	抽样	不良率	产量	抽样	不良率	产量	抽样	不良率

十九、质量记录查阅审批表

查阅者		部门		日期	年 月 日
质量记录表格 编码及名称					
查阅目的/原因					
查阅者 所在部 门领导 审 批	意见： 签名：　　　日期：		文件管理员 签 署		签名：　　　日期：

二十、产品出厂检验表

产品名称						数量				
客户名称						品级				
产品质量检验						产品质量保证				
检验项目	日期	检验员	进量	出量	不良数	项目	日期	质检员	抽样数	合格/不合格
备注										

二十一、不合格产品检审单

年　月　日

料号	品名	规格	数量	备注
不良情形说明				发生单位签章
检审情形及判定				检审小组签章

			工程	质量管理
厂长 批示			物料	生产
处理结果				
备注				

二十二、不合格产品处理报告

年　月　日　　　　　　　　　　　　No.

不合格产品描述： 签发人：　　　　　日期：	
确认： 　□采购员　签名：　　　日期： 　□仓管员　签名：　　　日期：	处理意见： 　　□降级使用 　　□退货（更换） 　　□报废 　　主管签名：　　　　日期：
纠正预防措施： 主管签名：　　　　日期：	
执行记录： 采购员：　　　　日期： 仓管员：　　　　日期：	

第六章　物流商品、仓库管理制度与表格

第一节　物流商品、仓库管理制度

一、商品价格管理制度

1. 定价策略

（1）企业和物流中心的定价权限。

①对实行国家指导价的商品和收费项目，按照有关规定制定商品价格和收费标准。

②制定实行市场调节的商品价格收费标准。

③对经济部门鉴定确认、物价部门批准实行优质加价的商品，在规定的加价幅度内制定商品价格，按照规定权限确定残、损、废、次商品的处理价格。

④在国家规定期限内制定新产品的试销价格。

在定价过程中，要考虑下列因素：国家的方针政策；商品价值大小；市场供求变化；货币价值变化等。

（2）商品价格管理。

根据国家规定，企业和物流中心在价格方面应当履行下列义务：

①遵照执行国家的价格方针、政策和法规，执行国家定价、国家指导价。

②如实上报实行国家定价、国家指导价的商品和收费项目的有关定价资料。

③服从物价部门的价格管理，接受价格监督检查，如实提供价格检查所必需的成本、账簿等有关资料。

④执行物价部门规定的商品价格和收费标准的申报、备案制度。

⑤零售商业、饮食行业、服务行业等，必须按照规定明码标价。

（3）物价管理的基本制度。

①明码标价制度。实行明码标价制度，便于顾客挑选商品。明码标价，要做到有货有价，有价有签，标签美观，字迹清楚，一目了然。标签的内容要完整，颜色要醒目。实行一物一签，货签对位。对标签要加强管理，标签的填写、更换、销毁都应由专职或兼职物价员负责，标签上没有物价员名章无效。对于失落、错放、看不清的标签要及时纠正、更换。

②价格通知制度。价格通知制度就是将主管部门批准的价格用通知单的形式通知各个执行价格的单位，包括新经营商品价格通知、价格调整通知和错价更正通知。价格通知单是传达各种商品价格信息的工具，直接关系到价格的准确性，也关系到价格的机密性。

③物价工作联系制度。物价工作联系制度就是制定和调整商品价格时，同有关单位和地区互通情况、交流经验、加强协作、及时交换价格资料的制度。

④价格登记制度。价格登记就是把物流中心经营的全部商品的价格进行系统的记录，建立价格登记簿和物价卡片。价格登记是检查物价的依据，要求及时、准确、完整，便于长期保存。在登记簿和卡片上应写明下列内容：商品编号、商品名称、产地、规格、牌号、计价单位、进货价格、批发价格、批零差率、地区差率、定价和调价日期、批准单位等。

⑤物价监督和检查制度。物价监督包括国家监督、社会监督和单位监督三种基本形式。国家监督就是通过各级物价机构、银行、财政、工商行政和税务部门从各个方面对物价进行监督。社会监督就是群众团体、人民代表、消费者以社会舆论的形式对物价进行监督。单位内部监督就是企业和物流中心内部在价格联系中互相监督。

物价检查，一般是指物价检查部门或物价专业人员定期或不定期地开展的审价和调价工作。

2. 物价管理的任务和权限

（1）物价管理的任务。

①认真贯彻执行党和国家有关物价的方针、政策，负责组织学习培训、加强物价纪律教育，不断提高企业员工的政策观念、业务水平和依法经商的自觉性。

②正确执行商品价格，按照物价管理权限，制定审批商品或服务收费的价格，检查、监督基层物价管理工作的执行情况，发现价格差错及时纠正，情节严重的予以经济处罚。

③认真做好物价统计工作，搞好重点商品价格信息的积累，建立商品价格信息资料，分析市场价格变化情况，开展调查研究，为企业经营服务。

④对重点商品和招商商品的价格实行宏观控制，限定综合差率，审批价格。

⑤凡新上岗的物价员，其所负责的商品价格审批由中心经营部负责，半年后视工作情况下放审批权。

（2）物价管理的权限。

对需要处理的残损商品，凡损失金额不超过500元的（一种商品），由各专业部门主管经理审批，交市场经营部备案；损失金额在500～3000元之间的（一种商品），由中心经营部主管部长审批；损失金额超过3000元的（一种商品），由物流中心主管副总经理审批；对超过保本期、保利期，确属需要削价处理的商品，每月月底由物价员会同有关人员提出处理价格。处理价格不低于商品进价的，由物流中心主管业务经理负责审批，交公司经营部备案；处理价格低于商品进价的，上报公司经营部，由公司经营部主管部长视全公司经营情况酌情审批；一种商品损失金额超过5000元的，必须上报公司总经理审批。

3. 物价管理的基本要求

（1）物流中心所经营的商品（包括代销、展销商品）都要使用商品编号，按物流中心计算机管理要求，根据商品种类进行统一编号，并逐步实施商品条形码。物流中心所有业务环节，凡涉及商品编号的（商品购进、定价、调价、削价处理、标价签、出入库、盘点等）票据，均使用统一编号。

（2）商品定价要按有关规定执行。商品定价的原则是：根据市场行情、价格信息、企业经营情况，坚持勤进快销的原则，合理制定商品价格。凡特殊商品定价（化妆品、家用电器、食品、黄金、皮鞋等）需要持有质量检测证件的，物价员必须验证定价，证件不全不予定价。

（3）制作物价台账。物价台账是企业审查价格、实行经济核算的重要依据。其范围包括：经营、兼营、批发、展销、试销、加工。必须做到有货有账，以账审价。物价台账登载内容包括产地、编号、品名、规格、等级、单位、进价、单价税额。物流中心专职物价员要全面、完整、准确登记，同时存入计算机进行管理。

（4）商品的价格调整，必须以上级供货单位下达的调价通知单为依据，严格按照规定的编号、品名、规格、等级、价格和调整时间执行。商品需要调整价格时，由各专业物流中心物价员会同有关业务人员根据市场行情、调价依据、库存情况、资金周转率等提出调价意见，填制商品价格调整计划表，由市场经营部审批。调整价格前，专职物价员须按调价内容更改物价台账，在执行的前一天，通知营业部兼职物价员，填制新价签，并盖章。调价商品在执行前一天业务终了后盘点，填制商品变价报告单，报物价员审核盖章，部门做进销存日报表转财会部门做账。调价通知单存档，由物价员统一保管。

（5）凡柜台出售的商品和服务收费标准都必须实行明码标价制度，并使用统一商品标价签。在商品同部位设置商品标价签，做到一货一签、货签对位。商品标价签应注明商品编号、品名、规格、单位、产地、等级、零售价，标价签由物价员审核盖章后方能使用。试销商品和处理商品应注明"试销"或"处理"字样。填写商品标价签应做到整齐、美观、准确、清楚，所用文字一律采用国家颁布的简化汉字，零售价格要盖阿拉伯数字戳。

（6）进行价格检查，内容包括：商品的零售价格以及服务收费标准（包括生产配件、加工费率、毛利率、产品质量等）是否正确。有无违反有关规定越权定价、调价和处理商品现象；是否正确执行明码标价和使用统一商品标价签；商品质价是否相符；有无以次充好、以假充真、掺杂使假、改头换面、变相涨价的问题。

（7）为使价格触角更加灵敏，为企业经营决策服务，必须加强价格信息工作，价格信息来源于各方经营信息和国家有关行业信息反馈，其基础工作是采价。物流中心经营部每周要组织各部门专职物价员进行一次采价，主要对某类商品或一段时间内价格波动大的商品、季节性商品、销售畅旺的商品等进行类比分析，并做较详细的记录。记录内容包括：采价商品的名称、零售价、所到单位名称。采价后物价员需对价格动态进行分析，计算出其与本中心的价格差，提出参考变价意见，报各部门经理室和中心经营部（专职物价员留存一份），建立价格信息数据库。

（8）执行物价纪律：

①企业员工都必须遵守物价纪律，不准泄露物价机密，不准越权擅自定价、调价，不准早调、迟调、漏调商品价格。由物价员按照分工管理权限定价，其他人员无权定价。

②切实执行明码标价制度，杜绝以次顶好、掺杂使假、少斤短尺等变相涨价的做法。

③削价处理商品，一律公开出售，不准私留私分。

二、商品变价制度

商品变价是指对物流中心内商品原售价的调整和变更，包括指令调价和根据销售情况削增价两种情况。

商品调价，是指按国家规定提高或降低商品原定价格。商品调价是一项政策性很强的工作，它直接关系到工农业生产、人民生活、商品流通和国家财政收支等。因此，必须严格按照物价管理权限进行，不得擅自提级提价或降级降价，营业员不得泄露调价机密。在接到调价通知后，要按规定的日期，会同有关人员共同盘点库存，核实商品数量，不许少盘或多盘。然后更换商品标价，并填制一式3联的商品调价单，存根联留存，会计联记账后交核算员，最后转财务会计，业务联交公司备查。

商品削价，是物流中心对某些残损、变质商品采取降低价格以利推销的办法，这是中心的一项经常性工作。商品削价要本着减少损失、促进营销的原则。在削价时要严格审批手续，禁止内部私分。营业员在确定削价幅度和盘点商品数量后，应填制商品削价报告单，其流转程序与商品调价单流转程序基本相同，商品增价手续一般和削价手续一样。

三、商品变价票流物流规程

商品变价票流物流规程：

（1）营业部门售货员接到物流中心物价员转来的变价通知单，按规定和要求做商品变价报告单一式5联，经主任审批签字后，转物价员审核。

（2）物价员接到售货员转来的变价报告单，审核签字后交物流中心经理审批。

（3）物价员将经理审批后的变价报告单第5联留存记物价账，1联交物流中心经营部，2~4联转营业部门商品账。

（4）商品账记账员接到变价报告单（2~4联）审核无误后，按变价报告单变动商品销售价格，留存3联，在当日进销日报表登记变价增值或减值，并记库存商品（经销）二级账金额增加或减少，将变价报告单2联转物流中心会计室，4联转统计员。

（5）物流中心会计室接到商品账转来的商品变价报告单2联，审核无误后做记账凭证，借或贷库存商品、贷或借商品进销差价。

（注：商品变价后售价低于成本的损失上报本中心财务审计部研究处理。中

心作削价准备或列入本商店当期损益。）

四、商品削价处理票流物流规程

商品削处理票流物流规程：

（1）部门业务主任根据柜台商品残损、变质、积压等情况做商品削价处理申报单一式 5 联，转物价员审核。

（2）物价员接到部门业务主任转来的削价处理申报单，到柜台查看商品残损程度，严格审核降价幅度，认定合理无误后签字交物流中心经理审批。

（3）物价员接到经理审批后的削价处理申报单，5 联留存，1 联交中心经营部，2~4 联转营业部门商品账。

（4）商品账记账员接到申报单（2~4 联）审核无误后，将申报单中所列商品由好品转入"处理商品"，即减少好品柜台数量，按商品编号、品名、新定售价增设带"处"字头的账面，记柜台栏数量增加。

（5）根据商品削价处理申报单损失金额，在当日进销存日报表登记变价减值，并记库存商品（经销）二级账金额减少。将申报单 2 联转商店室，4 联转统计员。

（6）商店会计室接到商品账转来的申报单 2 联审核无误后，做记账凭证，借进销差价、贷库存商品。

五、商品保管的基本要求

1. 严格验收入库商品

首先要严格验收入库商品，弄清商品及其包装的质量状况，防止商品在储存期间发生各种不应有的变化。对吸湿性商品要检测其含水量是否超过安全水分，对其他有异常情况的商品要查清原因，针对具体情况进行处理，并采取有效措施做到防微杜渐。

2. 适当安排储存场所

由于不同商品性能不同，对保管条件的要求也不同。所需保管条件相互抵触或易串味的商品不能在同一库房混存，以免相互产生不良影响。尤其对于化学危险物品，要严格按照有关规定分区分类安排储存地点。

3. 妥善进行堆码苫垫

地面潮气对商品质量影响很大，要切实做好货垛下垫隔潮工作。在货场上存放商品时，货区四周要有排水沟，以防积水流入垛下；货垛周围要遮盖严密，以防雨淋日晒。货垛的垛形与高度，应根据各种商品的性能和包装材料，结合季节气候等情况掌握。含水率较高的易霉商品，热天应码通风垛；容易渗漏的商品，应码间隔式的行列垛。此外，库内商品堆码应留出适当的距离，俗称"五距"，即：顶距，平顶楼库顶距为 50 厘米以上，人字形屋顶以不超过横梁为准；灯距，照明灯要安装防爆装置，灯头与商品的平行距离不少于 50 厘米；墙距，外墙 50 厘米，内墙 30 厘米；柱距，一般留 10～20 厘米；垛距，通常留 10 厘米。对易燃商品还应留出适当防火距离。

4. 控制好仓库温湿度

仓库的温度和湿度，对商品质量变化的影响极大。各种商品由于其本身特性，对温湿度一般都有一定的适应范围，超过这个范围，商品质量就会发生不同程度的变化。因此，应根据库存商品的性能要求，适时采取密封、通风、吸潮和其他控制与调节温湿度的办法，力求把仓库温湿度保持在适应商品储存的范围内，以维护商品质量安全。

5. 认真进行商品在库检查

做好商品在库检查，对维护商品安全具有重要作用。库存商品质量发生变化，如不能及时发现并采取措施进行防治，就会造成或扩大损失。因此，对库存商品的质量情况，应进行定期或不定期的检查。

6. 搞好仓库清洁卫生

储存环境不清洁，易引起微生物、虫类孳生繁殖，危害商品。因此，对仓库内外环境应经常清扫，彻底铲除仓库周围的杂草、垃圾等物，必要时使用药剂杀灭微生物和潜伏的害虫。对容易遭受虫蛀、鼠咬的商品，要根据商品性能和虫、鼠生活习性及危害途径，及时采取有效的防治措施。

六、商品在库保管制度

商品进入仓库后，都要经过或长或短的保管期。保管期间，要求做到储存安全、质量完好、数量准确、管理井然有序。

1. 贯彻安全、方便、节约原则

安全，是指确保商品的安全，使商品在保管期间不变质、不破损、不丢失。方便，是指方便商品的进出库工作，提高劳动效率。节约，即尽可能节约保管费用。

2. 科学堆码、合理利用仓容

科学堆码、合理利用仓容，就是在贯彻"安全、方便、节约"原则的基础上，根据商品性能、数量和包装形状以及仓库条件、季节变化的要求，采取适当的方式方法，将商品堆放得稳固、整齐，留出适当的墙距、垛距、顶距、灯距和通道，充分利用仓库的空间。根据商品的包装条件和包装形状，物流中心在库商品的堆码方法通常有三种，即散堆法、垛堆法和货架堆码法。

3. 分区分类、货位编号

分区分类、货位编号，就是根据商品的自然属性和仓库设备条件，将商品分类、仓库分区，按货区分列货位，并进行顺序编号，再按号固定商品的存放地点。对在库商品分区分类管理时，要注意不要把危险品和一般商品、有毒商品和食品、互相易串味的商品、理化性能互相抵触的商品放在一起，以防影响商品质量。

4. 定期盘点核对

商品盘点是财产清查的一项重要内容，也是进行商品管理的重要手段。通过商品盘点，可以掌握库存商品的具体品种和数量，保证账实相符；可以检查商品库存结构是否合理；还可以检查商品库存定额以及商品保本保利储存期的执行情况。为了便于商品的盘点，必须对库存商品建立保管账卡，记录商品出入库及库存情况。商品盘点除按规定于每月末定期进行外，还可根据商品的堆垛，采取售完一批清理一批的办法，并在必要时突击抽查有关柜组。商品盘点前，应注意做好必要的准备工作，即：将未验收、代管、代购、代销的商品与自有商品分开；将已验收的商品全部记入保管账；校正度量衡器；对商品分别归类。商品的实地盘点，一般应先清点现金和票证，后清点商品。清点商品时，为防止出现重盘或漏盘现象，应采取移位盘点法，划清已盘商品和未盘商品的界限，并认真填制商品盘点表，做好商品盘点记录。商品清点结束后，除做好商品整理外，还要及时计算实存金额，核实库存，上报处理长短商品及发现的其他有关问题。

5. 加强商品养护

商品养护是指商品在储存过程中的保养维护工作。加强商品养护，可以维护商品的使用价值，保持商品质量的完好。商品质量是由商品的自然属性决定的，而这些自然属性又往往会在日光、温湿度等外界因素的作用下发生变化。因此，商品养护工作应在"以防为主，防治结合"的方针指导下，在充分了解商品特性，研究影响商品质量变化的因素，掌握商品质量变化规律的基础上来进行。

七、化工危险品的保管

1. 化工类危险品的分类

化工危险品大概有九大类：

①爆炸性物品。

②氧化剂。

③遇水燃烧物品。

④压缩气体和液化气体。

⑤易燃液体。

⑥易燃固体。

⑦腐蚀性物品。

⑧毒害性物品。

⑨放射性物品。

以上九类危险物品大都具有怕热、怕摩擦、怕水及有腐蚀性等危险特性。

危险品仓库的设置必须远离其他建筑物。要根据危险品的不同性能来建造和选择适宜的储存场所。

2. 危险品仓库管理要求

危险品在装卸、搬运、堆码及保管、养护等方面，必须采取科学的方法。危险品仓库管理一般要求做到以下几点：

（1）化工危险品的入库管理。

①商品出库时，提货车辆和提货人员一般不得进入存货区，由仓库搬运人员将应发商品送到货区外的发货场。柴油车及无安全装置的车辆不得进库区，提货车辆装有抵触性物品的，不得进入库区拼车装运。

②商品出库必须包装完整，重量正确，并标有符合商品品名和危险性质的明

显标记。

③在商品入库阶段，必须防止不合格和不符合安全储存的商品混运进库，这是把住危险商品储存安全的第一关。商品入库要检查商品包装、衬垫、封口等，符合安全储存要求才可搬运入库。

（2）化工危险品的分区分类储存。

①易爆、易燃、助燃、毒害、腐蚀、放射等类商品性质各异，互相影响或抵触的，必须分区隔离储存，即使同类商品，虽其性质互不抵触，也应视其危险性大小和剧缓程度进行分储。

②根据仓库建筑、设备和水源与消防条件，适当划分各类化工危险品的货区和货位。区与区、仓与仓、垛与垛之间要有一定的安全间距。划定的货区和货位，应进行货位编号。

③化工危险品在储存过程中，要根据商品特性加强温湿度的控制与调节。

（3）化工危险品的堆码苫垫。

①化工危险品应以库房储存为主，堆码不宜过高过大，货垛之间要留出足够宽的走道，墙距也应较宽。一般堆垛高度，以液体商品不超过2米、固体商品不超过3米为宜。

②库房存放怕潮商品，垛底应适当垫高，露天存放更应垫高防水。同时，应根据商品性质选择适宜的苫盖物料。如硫磺等腐蚀性商品不宜用苫布盖，以用苇席盖为妥。

③储存化工危险品用过的苫垫物料需要调剂使用时，要经刷洗干净后再用。

（4）化工危险品的安全装运。

①化工危险品的装卸、搬运，必须轻装轻卸，使用不发生火花的工具（用铜制的或包铜的器具），禁止滚、摔、碰、撞、重压、震动、摩擦和倾斜。对怕热、怕潮的危险品，在装运时应采取必要措施。

②装卸场地和道路必须平坦、畅通，如夜间装卸，必须有足够亮度的安全照明设备。在装卸、搬运操作中，应根据商品性质和操作要求，穿戴合适的防护服具。腐蚀性商品仓库附近应设水池或冲洗设备，预防操作中万一包装破裂、人身

沾染时，便于迅速浸水及冲洗解救。

八、商品批发业务管理制度

商品批发业务管理制度：

（1）物流中心开展的批发业务，实行由主管经理严把价格关、质量关的经理负责制。

（2）物流中心的批发业务要专人负责、单独立账，并及时登记明细账，能独立核算的单位要独立核算。

（3）物流中心的批发工作要严格执行国家有关政策，对与之开展业务活动的客户要验其营业执照专营证和税务登记号码，认定其符合要求后方可开展工作，并建立客户档案，随时联系。

（4）物流中心要在经营范围内开展批发业务，不得超范围经营。确因客户需要超出本中心营业范围的，需上报物流中心经营部办理一次性经营手续。

（5）物流中心批发业务要严格采用无收款台（一手钱一手货）的结算办法，不拖不欠，不得采用代销方式批发商品。用支票结算的，要按财会制度要求3天后付货。

（6）确因市场变化需与批发单位发生代销业务的，必须符合下列要求：

①对方必须是多年合作的业务单位。

②对方必须是有一定经济实力、有债务偿还能力的经济实体。

③必须与对方签订购销合同。

④必须上报物流中心总经理审批。

（7）凡私自向批发单位办理代销商品的，要严格追究物流中心经理及承办人的责任，造成损失的责任自负。

（8）物流中心的批发毛利率不得低于本中心的综合费用率，凡低于综合费用率的，要上报物流中心总经理批准，否则冲减已实现的批发额，并追究物流中心经理的责任。

（9）各商店批发人员要严守企业经济秘密，不得向其他业务单位泄密。

（10）批发商品一律不退换。

九、货物查询制度

1. 货物查询的范围与期限

（1）凡实际收货与厂方提供凭证中的品种、数量、规格、花色等不相符时，必须向发货单位做货物查询。

（2）外埠进货发生整件短少，原包装长、短、残、损及货品质量问题，需当天履行查询手续，最迟不得超过 5 天。

（3）对有损耗率规定的货物，应查询超耗部分。

（4）接收进口货物和外贸库存内销货物，需严格履行运输合同，查询不超过 5 天。

（5）本市收货时发生整件不符，应于当天履行查询手续，最迟不超过 3 天。

2. 查询手续及责任划分

（1）凡与货物查询有关的各环节人员，必须注意将进行货物查询的货物运输单保存完好，作为货物查询的物证依据。

（2）对外查询一律填制查询单。哪一环节发生问题，就由哪一环节经手人负责填报。

（3）本市进货查询需填制"催查单"，按要求传递。

（4）外埠进货查询，由保管员填制查询单交储运业务部，收单人应按程序传递。

（5）凡在 30 天内未收到供货单位查询答复的，储运部应协商物流中心采购员做第二次查询。

十、仓库货物查询票流物流规程

仓库货物查询票流物流规程：

（1）凡货物入库时发现货物整件原包装长、短、串、残以及物品质量等问题，一律填制查询单。

（2）柜台发生商品长、短、串、残等问题，要经双人审查并写出情况记录交仓库保管员。

（3）外库货物查询一律由仓库保管员填制查询单。

（4）本市发货有问题商品查询，由仓库保管员填制"本市发货查询单"一式3联，全份交供货单位或采购员代转。由收单人在查询单第1联上签章，交经管商品人员留存，凭以改变保管卡片堆存地点。堆存地点设查询栏，长货写红字，短货写蓝字，解决后冲平。查询单第2联采购员留存，凭以督促处理。查询单第3联交供货方。

（5）外埠接货有问题货物查询，保管员填制"外埠接货查询单"一式5联，全份交给外埠采购员签章后，第1联退回仓库，由经管货物人留存，第2联采购员留存凭以督促处理，第3联转会计室备查，第4、5联寄交外埠供货方查询。

十一、物流中心代销商品结算规程

物流中心代销商品结算规程：

（1）物流中心代销员按供货单位建立代销商品金额账，负责代销商品结算工作。

（2）代销员凭保管员转来的"代销商品入库单"第5联增记代销商品分户账金额。

（3）代销员将保管员转来的"代销商品出库单"第5联留存备查，以掌握商品出库（上柜台）情况。

（4）供货单位要求结算货款时，代销员必须亲自查看"代销库存商品明细账"中的商品总结存数量（包括仓库、柜台），对月清月结的商品要查看仓库账结存数量和柜台实存数量，以进货数量挤出发货数量。

（5）代销员根据商品发出数量和代销商品货款结算的规定填制"物流中心代销商品结算通知单"（一式3联），签字后转给物流中心主任。结算通知单上填写的付款数量、金额应与入库单数量、金额一致，与工厂发票一致。

（6）物流中心主任按结算通知单进行复核、查看账目，盘清实物及残损商品等，无误后签字转物流中心主管经理，经理签字后转物流中心会计室。

（7）物流中心会计室接到结算通知单加工厂发票，审核无误后向供货方付款结算。

（8）会计室付款后在结算通知单第1、3联签字，3联转回代销员，1联转营业部门。

（9）代销员收到会计室转来的结算通知单与"代销商品入库单"，经复核无误后，登记减少"代销商品分户金额账"。

（10）月末由物流中心代销员将"代销商品分户金额账"与会计室"代销商品款分户金额账"核对一致。

（11）月末代销员将未付款的"代销商品入库单"汇总金额与分户账总金额核对一致。

十二、物流中心包装物品及票据管理制度

1. 包装纸、袋的印制使用

（1）包装纸、袋实行计划管理、统一印制，物流中心统一设计标志，不得

印非标准印刷品。

（2）各物流分公司将印制计划报物流中心经营部，经营部审查设计后将校样及要求交行政部印制并保管。

（3）属于整个物流中心宣传性包装物，行政部根据物流中心经营部要求分配给各部室。

（4）各物流分公司所需包装物，一律到行政部领取、记账，记入各分公司每月费用。

2. 票据印制

（1）财务审计部根据业务需要，设计统一的票证。

（2）票证由行政部统一联系印制、保管。

（3）各部室根据业务需要到物流中心行政部领取。

（4）本着节约原则，合理确定印票数量，防止大量占用资金和造成库存。

十三、商品运输票流物流规程

物流中心采用两种收款方式：一种是专人收款、钱货分开；另一种是一手钱、一手货。

1. 专人收款，钱货分开

（1）收货员在收到货物后，开具发货凭证（一式3联），第1、2联交给顾客，3联由收货员暂时留存。

（2）顾客持第1、2联发货凭证到物流中心收款台交款。

（3）收款员收款完毕，在发货凭证第1联盖章并加贴计算机结算单，第2联由收货员留存（大件贵重物品顾客需要发票，由发货员代理）。

（4）发货员收到顾客盖有收款章和计算机结算单的第1联发货凭证后与留存的第3联发货凭证核对无误后，将商品随同第3联发货凭证交给顾客，第1联发货凭证交收货员留存。

（5）每日收货员凭发货凭证第 1 联汇总个人当日运输额，并做登记，组长签字。

（6）收款员根据发货凭证第 2 联汇总运输额，与当日收款额核对无误后，填制发货凭证汇总表一式 4 联，1 联转柜组，与发货凭证第 1 联汇总金额核对，2 联转会计，3 联连同发货凭证第 2 联转商品账，4 联转统计员。

（7）收款员清点货款后，填制物流中心缴款单（一式 4 联），签字后由两人交物流中心会计室。

（8）物流中心会计室收到交来的货款，经双人清点无误后，在缴款单上加盖"款已收讫"章及"收款人名"章，第 1 联退收款台，第 2 联会计记账，第 3 联由总物流中心记账，第 4 联封签。

（9）物流中心凭收款台转来的发货凭证第 1 联填制物流中心营业部门日清日结运输汇总表一式 3 联，凭第 1 联记物流中心运输商品明细账运输数量。2 联转统计，3 联转柜台。

（10）运输商品明细账凭发货凭证和发货凭证汇总表填制物流中心营业部门日报表（一式 3 联），凭第 1 联记运输商品金额分类账减少，第 2、3 联分别转交物流中心会计员和统计员。

（11）物流中心会计员、统计员接到物流中心营业部门日报表和日清日结运输汇总表后，对其进行审查核实，并与当日缴款单核对，无误后做相应的账务处理。

（12）物流中心会计室运输商品金额分类账控制运输商品明细账和运输商品金额分类账。

（13）顾客要求退款时，由物流中心收货员用红字开具发货凭证，经双人签字。

2. 一手钱，一手货

（1）收货员每收一批商品都要登记，不得漏登、重登。

（2）每日营业终结前，收货员将营业运输卡进行汇总，计算分公司的运输额，并与当日收到的现金核对无误后，填制收货单一式 4 联，交主任复核签字后送物流中心会计室，营业运输卡转商品账。

（3）物流中心会计室点款、核票无误后，经双人签字、盖章后留存第 2 联，将货运单第 1 联退收款员（柜台），第 3 联转运输商品账，第 4 联封签。

（4）运输商品账根据营业运输卡填制营业部门日清日结运输汇总表一式 3 联。

（5）运输商品账根据营业部门日清日结运输汇总表第 1 联记运输商品明细账中的货物减少。

（6）无法进行日清日结的货运商品，营业部门可以不做日清日结运输汇总表，不逐笔登记运输商品明细账。月末按照物流中心主管经理审批签名的盘点表（实物盘点）统计物流中心每一种商品的月发货数量。

（7）运输商品账根据日清日结运输汇总表填制营业小组进、销、存日报表。无法进行日清日结的货运商品，根据物流中心缴款单填制营业部门运输日报表，凭第 1 联登记运输商品金额分类账减少，第 2、3 联分别转会计员、统计员。日清日结运输汇总表 2 联转统计，3 联转柜台。

（8）顾客要求退款时，由收货员用红字登记运输卡，并经组长签字，票据流转执行规定程序。

十四、商品索赔制度

商品发送、到站（港）、接货运输中发生问题的各个环节都要详细查清，实事求是地反映和处理。

1. 事故责任与索赔手续

（1）运输员按运输单据核对开箱后的商品发现有短缺、残损、水渍、油渍、玷污等问题，属发货方责任。

（2）储运部协助物流中心办理各种索赔证明材料，物流中心采购员负责与发货方联系办理索赔具体事宜。

2. 承运方责任与索赔

（1）运输员按运单核对时发现的集装箱号、零担托盘的铅封、施封损坏或改换异地铅封和施封等问题，属承运方责任。

（2）业务索赔员及时与承运方联系，会同站、港发货员当面查验货物损失情况，做好记录，并追办索赔证明材料。

（3）业务索赔员负责与有关采购员共同取得短少、损坏商品的品名、规格、数量、金额，托运单、进货发票的复印件及有关证件，协助办理运输商品保险，填制索赔单据，3日内到保险公司办理索赔。

3. 储运方责任及处理办法

（1）提货运输中的商品残损、缺少属储运方责任。

（2）运输员交货时，接货员发现问题要在运单及票据上注明差损情况交调度员，调度员转交储运业务索赔员。

（3）未办理商品公路运输保险，经收货、验收查出的短少、残损问题，由商店会同接货员查实情况，在运单上做好记录。调度员转交储运业务部门，并按储运处罚规定中的有关条款进行处理。

4. 属托运方责任的，储运方不负责赔偿

以下情况属托运方责任：

（1）外包装完好，集装箱铅封完好，施封有效；托盘包装带牢固，内装细数短少、变质或残损，且未在运单上注明。

（2）包装不符合质量要求。

（3）货物运单与实物品名不符。

（4）投保不足等。

5. 其他

（1）储运业务部门要做好索赔差错过程的各项记录，装订成册存档备查。

（2）经多方协商不能解决的索赔，需向物流中心经理说明原因，并在季度内上报中心经营部，由经营部视损失程度予以解决。

（3）造成商品损失 1000 元（含 1000 元）以上的，报物流中心总经理室，待其指示后再行处理。

（4）办理索赔时间不得超过 3 天。

十五、出口商品检验依据和程序

1. 出口商品品质检验依据

（1）强制性检验标准：国家颁布的法律、法规中的规定和国家政府间的双边协议中的规定。

（2）合同、信用证等合法检验依据。

（3）对于新商品、尚未制定包装标准的商品，按有关法令规定和实际情况处理。

2. 出口食品、畜产品卫生检验依据

（1）我国法律、行政管理规定。

（2）合同、信用证。

（3）我国有关卫生质量标准。

（4）国家商检局对出口食品、畜产品检验的有关规定。

（5）进口国有关兽医卫生法规规定及与我国签订的双边检疫协定的有关规定。

（6）其他规定。除规定的检验项目外，不能含有有害物质或恶性杂质等。

3．检验程序

（1）受理报验。

（2）抽样。

（3）检验。

4．签发商检证单

（1）质量许可证。质量许可证是国家管理出口商品质量，限制劣质商品出口，维护国家利益，促进对外贸易的一项制度。

（2）卫生检验。根据国家有关法律、行政法规的规定，出口食品的卫生检验和检疫工作由商检机构办理，做好卫生监督、检验，要从生产厂、库的卫生条件做起，商检机构对出口食品的加工厂、屠宰场、冷库、仓库，采用注册登记的形式对其卫生状况和卫生质量进行监督管理。

（3）船舱和集装箱检验。对装运出口粮油、食品、冷冻品等易腐食品的船舱和集装箱实施强制性检验。有关承运人和装箱部门应在装货前向商检机构申请检验，经商检符合装运技术条件并发给合格证书后方准装运。船舱检验包括干货舱检验、油舱检验、冷藏舱检验，以确认其地所装货物的适载性，对其他出口集装箱办理鉴定业务。

十六、关于进口准备工作的规定

1．市场调查

在决定进口之前，必须对国内市场价格进行调查，弄清供方情况及价格趋势。

（1）原材料市场：生产周期短，市场变化快。

（2）农产品市场：这类商品的价格直接受到主要生产国播种面积和气候变

化的影响。一般从报纸杂志和有关外贸公司都可以了解到。

（3）技术和机械设备市场：价格较稳定，一般说来，可通过以下渠道做调查：

①与外国厂商进行技术交流和直接洽谈，进行技术比较和价格比较。

②通过有关外贸行业查询我国已进口同品种商品的合同价格。

③向咨询公司进行技术和价格咨询。

④通过我国驻外商务机构调查了解。

⑤查阅国内外商务报纸杂志。

（4）日用商品市场：其价格比原材料价格稍加稳定，一般可通过如下渠道做调查：

①通过有关外贸公司了解。

②和经营该商品的外商接触进行询价。

③通过我国驻外机构调查了解。

2. 进口成本测算

通过成本估算，进行经济效益分析，决定是否进口。进口成本计算公式：

$$货物进口成本 = 进口合同成本价 + 进口费用$$

进口费用包括很多内容，如果以 FOB 条件从国外装运为基础，有如下内容：

（1）国外运输费用：从出口国港口、机场或边境到我国的边境、港口、机场等的海、陆、空运输费用。

（2）运输保险费：上述运输途中的保险费用。

（3）卸货费用：包括码头卸货费、起重机费、驳船费、码头建设费、码头仓租费等。

（4）进口税：货物在进口环节由海关征收（包括代征）的税种有产品税、增值税、工商统一税及地方附加税、盐税、进口调节税、车辆购置附加费等。

3. 报批进口货单

进口货物审批采用分级审批的原则。进口货物分为三大类：

第一类：关系国计民生的大宗敏感性重要进口商品，必须经过中央有关部门审批。

第二类：国际市场上相对集中、价格敏感或国内紧缺的重要物资，由中央分配各地方一定的进口额度，由地方政府部门审批。

第三类：一般商品，由地方政府部门审批。

4. 申领进口许可证

我国对某些进口商品采用凭进口许可证进口的方法。进口单位必须在委托外贸公司对外订货之前填报进口许可证申请表，持申请表连同批准进口的证件（批准件）、使用外汇证件向发证部门申请进口许可证。签发许可证的对外经济贸易部门审核领证单位提交的有关文件及许可证申请表无误后，即签发许可证（一式4联）。

5. 报批用汇计划

使用贸易外汇进口必须按批准的用汇计划，用确定的外汇和批准的用途使用。不论是计划内用汇还是计划外外汇进口，均应按规定的程序上报。

6. 委托代理

没有经营进口权或进口商品超出其经营范围的企业如需进口，必须委托有经营权的外贸公司代理进口。委托代理时，进口单位必须向有经营权的外贸公司提交以下文件：

①政府批准进口的书面文件，如订货卡片、进口订货说明书。

②使用外汇的有关证明，如是留成外汇，要有中国银行开具的进口订货用汇通知单或外汇调拨单；如果是贷款外汇，还要提交与银行签订的贷款合同。

十七、进口物资采购供应工作制度

进口物资采购供应工作制度：

（1）根据各部门上报的年度工程、维护所需要的进口物资计划，结合仓库现有物资库存情况，拟订年度进口物资采购计划，上报公司领导审批下达进口物资的采购任务。

（2）加强进口采购工作的管理，切实做好公司引进小组确定的各项进口设备、物资的招标、询价、合同起草、批文申请、物资报关、到货处理和货款结算等各项工作。

（3）认真执行公司各部门拟订的合同、单证审批会签手续，增加进口物资在采购过程中的透明度。对进口物资的合同签订、货款预付、到货后的检查验收以及货款支付各个环节的工作，做到认真负责，确保万无一失。

（4）按照对大宗进口物资实行招标、小宗进口物资进行多家报价的询价原则，选择供货时间短、产品质量优良、价格条件合理的供应商，购买物美价廉的进口物资，保障工程和生产的需要。

（5）严格执行国家发布的关于进口物资的管理规定、申报进口物资批文规定以及进口物资报关管理制度等。

（6）遵守公司的各项规章制度，做到有令即行、有禁即止。

（7）全体进口物资采购员、办事员、业务员必须牢固树立企业主人翁的思想，尽职尽责。

十八、物流仓库管理制度

1. 仓库的分类

物流中心的仓库类别有：鲜货仓、干货仓、山货仓、蔬菜仓、肉食仓、冰果仓、烟酒仓、饮品仓、百货仓、工艺品仓，动力部油库、石油气库，建筑、装修材料仓，杀虫药剂仓、汽车零配仓、陶瓷小货仓、家具设备仓等。

2. 物品验收

（1）仓管员对采购员购回的物品都要进行验收，并做到：

①发票与实物的名称、规格、型号、数量等不相符时不收。

②对购进的食品原材料、油味料不鲜不收，味道不正不收。

③对购进的物品已损坏的不收。

（2）验收后，要根据发票上列明的物品名称、规格、型号、单价、单位、数量和金额填写验收单一式四份，其中一份自存，一份留仓库记账，一份交采购员报销，一份交成本会计。

3. 入库存放

（1）验收后的物资，除直拨的外，一律入库保管。

（2）入库物品一律按固定位置码放。

（3）物品码放要有条理，注意整齐美观，不能挤压的物品要平放在层架上。

（4）凡库存物品，要逐项建立登记卡片，物品入库时在卡片上按数加入，发出时按数减出，结出余数；卡片固定在物品正前方。

4. 保管与抽查

（1）对库存物品要勤于检查，防虫蛀、鼠咬，防霉烂变质，将物资的损耗率降到最低限度。

（2）抽查：

①仓管员要经常对所管物资进行抽查，检查实物与卡片或记账是否相符，若不相符要及时查明原因。

②成本会计或有关管理人员也要经常对仓库物资进行抽查，检查是否账卡相符、账物相符、账账相符。

5. 领发物资

（1）报送领用物品计划。

①凡领用物品，须根据规定提前做计划报库管部门。

②仓管员将报来的计划按发货顺序编排好，做好目录，准备好物品，以便取货人领取。

（2）发货与领货。

①各部门领货一般应有专人负责。

②领料员要填好领料单（含日期、名称、规格、型号、数量、单价、用途等）并签名，仓管员凭单发货。

③领料单一式三份，领料单位自留一份，供单位负责人凭单验收；仓管员一份，凭单入账；材料会计一份，凭单记明细账。

④发货时仓管员要注意掌握物品先进先发、后进后发的原则。

（3）货物计价。

①货物一般按进价发出，若同一种商品有不同的进价，一般按平均价发出。

②调出物流中心以外单位的物资时，一般按原进价或平均价加手续费和管理费后调出。

6. 盘点

（1）仓库物资要求每月月中小盘点，月底大盘点，半年和年终彻底盘点。

（2）将盘点结果列明细表报财务部备查。

（3）盘点期间停止发货。

7. 记账

（1）设立账簿和登记账，账簿要整齐、全面、一目了然。

（2）账簿要分类设置，物资要分品种、型号、规格等分别设立账户。

（3）记账时要先审核发票和验收单，无误后再入账，发现有差错时及时解决，在未弄清和更正前不得入账。

（4）审核验收单、领料单等，手续完善后才能入账，否则要退回仓管员补齐手续后再入账。

（5）发出的物资用加权平均法计价，月终出现的发货计价差额分品种列表一式三份，记账员、本部门、财务部各一份。

（6）直拨物资的收发同其他入库物资一样入账。

（7）调出本物流中心的物资所收取的管理费、手续费，不得用来冲减材料成本，应由财务部冲减费用。

（8）进口物资要按发票的数量、金额、税金、检疫费等如实折为人民币入账，发出时按加权平均法计价。

（9）对于发票、税单、检疫费等尚未收到的进口物资，于月底估价发放，待发票、税单、检疫费等收到、冲减估价后再按实入账，并调整暂估价，报财务部成本会计调整三级账。

（10）月底按时将会计报表连同验收单、领料单等报送财务部成本会计。

（11）与仓管员校对实物账，每月与财务部材料会计对账，保证账物相符、账账相符。

8. 建立档案制度

（1）仓库档案应有验收单、领料单和实物账簿。

（2）材料会计档案应有验收单、领料单、材料明细账和材料会计报表。

十九、仓库物资管理制度

仓库物资管理制度：

（1）物流中心仓库的仓管人员应严格检查入库物料的规格、质量和数量，发现与发票数量不符，以及质量、规格不符合使用部门要求的，应拒绝入库，并立即向采购部递交物品验收质量报告。

（2）经办理验收手续的物料，必须填制商品、物料验收单，仓库据以记账，并送采购部一份用以办理付款手续。物料经验收合格、办理手续后，所发生的一切短缺、变质、霉烂、变形等问题，均由仓库负责。

（3）为提高各部门领料的计划性，加强仓库物资的管理，采用隔天发料办法办理领料的有关手续。

（4）各部门领用物料，必须填制仓库领料单或内部调拨凭单，经本部门经理签名，再交仓库主管批准，方可领料。

（5）各部门物料的下月补给计划应在月底前报送仓管部，临时补给物资必须提前3天报送计划给仓管部。

（6）物料出库必须严格办理出库手续，填制仓库领料单或内部调拨凭单，并验明物料的规格、数量，经仓库主管签字后发货。仓库应及时记账并送财务部一份。

（7）仓管人员必须严格按先办出库手续后发货的程序发货。严禁白条发货，严禁先出货后补手续。

（8）仓库应对各项物料设立"物料购、领、存货卡"，凡购入、领用物料，应立即做相应的记载，以及时反映物资的增减变化，做到账、物、卡三相符。

（9）仓管人员应定期盘点库存物资，发现升溢或损缺，应办理物资盘盈、盘亏报告手续，填制商品物料盘盈盘亏报告表，经领导批准据以列账，并报财务部一份。

（10）为配合供应部门编制采购计划，及时反映库存物资数额，以节约使用资金，仓管人员应每月编制库存物资余额表，送交采购部、财务部各一份。

（11）各项物资均应制订最低储备量和最高储备量定额，由仓管部根据库存情况及时向采购部提出请购计划，以控制库存数量。

（12）因未能及时提出请购而造成物资短缺，责任由仓管部承担；如仓库按最低存量提出请购，而采购部不能按时到货，则责任由采购部承担。

二十、商品入库管理制度

1. 商品入库

（1）商品入库必须票货同行，根据合法凭证收货，及时清点数量。收货员要审核运输员交来的随货同行单据，票货逐一核对检查，将商品按指定地点验收入库。

（2）商品入库必须按规定办理收货。收货员验收单货相符，要在随货同行联上签字，加盖"商品入库货已收讫"专用章之后，方可交运输员随车带回交给调度员。

（3）验收中发现单货不符、损失或质量问题，收货员应当立即与有关部门联系，并在随货同行联上加以注明，做好记录。经双方签字后，交储运业务索赔员办理查询事宜。

（4）遇有同种商品不同包装或使用代用品包装的商品，应问明情况，在入库单上注明后办理入库。

（5）送货上门无装卸工的，经双方协商同意，仓库可有偿代为卸车，按储运劳务收费办法收费。

（6）商品验收后，需仓管员签字、复核员盖章；入账后注明存放区号、库号，票据传回。

（7）临时入库商品要填写临时入库票，由收货员、仓管员签字、盖章后，交运输员带回商店。

（8）仓库保管员接到入库单后，应当即根据单上所注明的商品名称、件数仔细点验，无误后加盖"货已收讫"章。同时，仓管员签字、复核员盖章，将回执退回委托单位。

（9）在下列情况下，仓库可以拒收入库发运凭证：字迹模糊，有涂改等；错送，即发运单上所列收货仓库非本仓库；单货不符；商品严重残损，质量、包装不符合规定；违反国家生产标准的商品。

（10）商品入库时，要轻卸轻放。保持库房清洁干燥，不使商品受潮玷污。检查商品有无破损或异样，及时修补或更换包装。抽查部分商品，特别是包装异样的商品，用感官检查商品有无霉、溶、虫、损、潮、漏、脏等情况，分清责任并做出处理。

2. 商品验收方式及验收作业

（1）直查。这种方法的优点是快速、简便。物流中心根据订货单检查供货商的发票、运送单，清点大类及项目。如果发票检查不能奏效，再开箱拆包清点检查商品。

（2）盲查。这种方法的优点是准确，但费时费力。这是指检查者不持有自身的订货单和运送单，而就供货者的商品实行现场实际清点和记录，然后将清查的各项商品数量、质量、损伤状况一一登记和描述，并交付采购部门，由采购部门管理人员与订货单一一核对。

（3）半盲查。这种方法的优点是快速、准确。这是指检查者持有运送单和说明，有商品大类的数量而没有每一类商品的数量，检查员必须实际清点每一类商品。

（4）直查与盲查相结合。当供货者的发票、运送单标明的内容细致、清楚，与物流中心订货单完全相同时，进行直查即可；当供货者的发票、运送单所标明的项目较粗略而不清楚时，要实行盲查或半盲查。

（5）物流中心内部商品流通环节的验收，目的是划清经济责任，防止和减少商品损失。物流中心对供应商所供商品的检验包括以下方面：

①发票检查。物流中心要将自己的收货单与供应商的发票一一核对，包括每一商品项目、数量、价格期限、送货时间、结算方式。通过检查，确认供应商所供货物是否与需求完全相符。

②数量检查。清点货品数量，不仅清点大件包装，而且要开包拆箱分类清点商品数量，甚至要核对每一包装内的商品式样、型号、颜色等。一旦发现商品短缺和溢余，要立即填写商品短缺或溢余报告单给采购部门，以便通知供货商协商解决办法。

③质量检查。一是检查商品是否有损伤，一般说来，商品在运送过程中会出现损伤情况，这种损伤往往由运送者或保险人承担责任；二是检查商品质量，是否有低于订货质量要求的情况。

（6）验收作业按进货的来源可分为公司进货验收和自行进货验收两种。

①公司进货验收。由于公司总部已进行进货验收，所以可由业务人员或司机把商品送到门店，而不需当场验收清点，由门店验收员盖店章及签收即可。至于事后店内自行点收发现数量、品项、品质、规格与订货不一致时，可通知总部再补送。

②自行进货验收。验收作业包括以下内容：

A. 核对发票与送货单的商品品名、规格、数量、金额是否相符。

B. 核对发票与实物是否相符，具体的检查内容包括：商品数量、商品重量及规格、商品成分、制造商情况及有关标签、制造日期及有效日期、商品品质、送货车辆的温度及卫生状况、送货人员等等。

C. 对散箱、破箱进行拆包、开箱查验，核点实数。

D. 对贵重商品拆箱、拆包逐一验收。

E. 对无生产日期、无生产厂家、无地址、无保质期、商品标签不符合国家有关法规的商品拒收。

F. 对变质、过保质期或已接近保质期的商品拒收。

3. 商品出入库票的管理

（1）商品出入库票由储运部统一发放，任何单位不得私自印制，各部室派专人领用时，储运部须按票号、编号登记备案。

（2）各商店出入库票上，需盖有本店出入库章和储运部出入库章。

二十一、经营商品入库票流物流规程

1. 入本库

（1）仓库保管员收到厂方正式发票（出库单）或储运部转来的运单、随货同行联、到货通知单后，要及时转交，由合同员审核、注销合同、加盖经销商品章转物流中心定价员编号、核定价格。

（2）仓库保管员接到定价员转来的票据后，凭此票验收商品数量、品名、规格、包装、质量等，票货相符、质量合格后，将商品入库。

（3）仓库保管员凭审核、定价后的原始单据（即厂方的正式发票或随货同行联、到货通知单等），填制物流中心经销商品入库单1~5联。

（4）仓库保管员将原始单据及自制入库单1~5联转商店进行复核、签字后，再转给仓库保管员。

（5）仓库保管员在自制1~5联入库单上加盖"货已收讫"章及签名后，自留第1联，增记库房经销库存明细账中入库数量。内库增加，要求一货一价一账页。随后将2~4联及原始单据转商品账，5联转营业部（柜台）。

（6）商品账接到仓库保管员转来的经销商品入库单2~4联，凭第3联记经销库存商品明细账进货数量、结存数量、内库增加。

（7）商品账根据当日经销商品入库单填制营业部进销存日报表1~3联，凭第1联记经销库存商品金额账，库存金额增加。

（8）商品账将进销存日报表第2联附进货原始单据及入库单第2联转会计

室，进销存日报表第 3 联附入库单，第 4 联转统计员。

（9）商店会计员接到三级账转来的进销存日报表、原始单据、经销商品入库单审核无误后，做记账凭证入账。统计员也做相应的账务处理。

2. 入外库

（1）仓库保管员接到储运部转来的运单、随货同行联、到货通知单需要入外库的，先将单据转合同员审核，注销合同，加盖经销商品章后转定价员编号，核定价格。

（2）仓库保管员凭审核计价后的原始单据填制物流中心外库货物入库单一式 4 联，第 1 联存根，3～4 联交储运部，转外库办理正式入库手续（仓库保管员派人到外库核查商品入库情况）。

（3）外库保管员将储运部货物入库单、第 4 联加盖"货已收讫"章，收货人签字后，经储运部转交商店仓库保管员。

（4）仓库保管员根据储运部传来的"储运部货物入库单"第 4 联与存根第 1 联核对无误后，做物流中心经销商品入库单一式 5 联，并加盖"货已收讫"章，签字后，储运部入库单第 4 联与物流中心入库单第 1 联核对，增记库房经销库存商品，明细账中的入库数量及外库增加。2～5 联流转程序同入本库。

二十二、物资出库管理制度

物资出库管理制度：

（1）公司仓库一切商品货物的对外发放，一律凭盖有财务专用章和有关人员签章的商品调拨单（仓库联），一式四份，一联交业务部门，一联交财务部门，一联交仓库作为出库依据，一联交统计。由公司业务员办理出库手续，仓管员根据商品调拨单注明业务承办人，一联由仓库作为登记实物账的依据，一联由仓管员交财务部。

（2）生产车间领用原料、工具等物资时，仓管员凭生产技术部门的用料定额和车间负责人签发的领料单发放，仓管员和领料人均须在领料单上签名，领料单一式三份，一份退回车间作为其物资消耗的考核依据，一份交财务部作为成本核算依据，一份由仓库作为登记实物账的依据。

（3）发往外单位委托加工的材料，应同样办理出库手续，但须在出库单上注明，并设置"发外加工登记簿"进行登记。

（4）来料加工客户所提供的材料在使用时应类比生产车间办理出库手续，但须在领料单上注明，且不登记实物账，而是在"来料加工材料登记簿"上予以登记。

（5）对于一切手续不全的提货、领料事项，仓管员有权拒绝发货，并视其程度报告业务部门、财务部门和公司经理处理。

二十三、商品出库管理制度

商品出库管理制度：

（1）商品出库，必须按规定凭正式出库票办理，不得白条出库，并根据商品性能变化，掌握先进先出，易坏先出的原则。

（2）商品出库必须经复核员复核，根据出库单仔细检验库别、印鉴、品名、产地、规格、数量是否清楚，发现问题及时与有关部门联系，妥善解决。

（3）验单合格后，先进行销账后出库。

（4）商品出库必须有编号，以单对账、以账对卡、以卡对货，付货时必须执行先盖章、销账、卡，后付货的操作规程，防止漏盖"货已付讫"章造成财产损失，复核员应于货票上签字盖章，以明责任。

（5）商品出库时，仓库管理人员要有二人仔细清点出库数量，做到人不离垛，件件过目，动碰复核，监搬监运，对搬运不符合要求的，要及时纠正，防止商品损坏。

（6）商品出库要严把货票审核关、动碰制度关、加盖"货已付讫"章关。

（7）商品储存中所涉及的票流等有关财务方面的事宜，按财务制度办理。

（8）在下列情况下，仓管员可以拒付商品：

①白条出库，任何人开的白条都不能视同付货凭证。

②凭证字迹不清，单货型号不符或涂改。

③提货人与付货凭证抬头所列单位不符。

④提货单未盖商店出库章及储运出库章。

二十四、商品出库业务程序

1. 核对出库凭证

储存的商品出库必须有正式出库凭证。仓库保管员接到出库凭证后，要认真核对商品编号、规格、品名、数量有无差错和涂改，有关部门签章是否齐全，核对无误后方可办理出库手续。

2. 备货

仓管员根据出库凭证，核销货卡上的存量，按规定批次备货。

3. 复核

复核是防止发货差错的主要措施。出库复核人员按照出库凭证，对出库商品的品名、规格、数量进行再次核对，以保证商品出库的准确性。

4. 交点

出库商品复核无误后，再把商品交给提货人清点，办理交接手续。

5. 记账

仓库记账员根据出库凭证，按规定的手续登账并核销存量。

二十五、经销商品出库票流物流规程

经销商品出库票流物流规程：

（1）营业员填制要货通知单（1～2联），第1联留存，第2联转仓库保管员。

（2）仓库保管员根据营业部门的要货通知单填制物流中心经销商品出库单1～3联，并备齐商品。

（3）仓库保管员将备齐的商品连同出库单（加盖"货已付讫"章、签名）送至营业货区，经收货人与要货通知单第1联复核、验收商品后在出库单上签字，并将第1联退回仓库保管员，第2联留柜台，第3联转商品账。

（4）保管员凭出库单第1联记经销库存商品明细账中的内库减少。

（5）商品账凭出库单第3联记经销库存商品明细账中柜台数量增加，内库数量减少。

（6）仓库保管员需要到外库提货的，填制物流中心外库货物出库单1～4联，第1联存根，2～4联加盖商店"出入专用"章及储运部专用章转交储运部到外库提货。

（7）外库保管员接到出库单后按票出货，并在出库单第4联加盖"货已付讫"章，签名后经储运部转仓库保管员。

（8）仓库保管员接到出库单第4联与第1联核对无误后验收商品，票货相符后，加盖"货已收讫"章，收货人签字。

（9）仓库保管员凭第4联出库单，记库房经销库存商品明细账外库数量减少，内库数量增加。

二十六、代销商品出库票流物流规程

代销商品出库票流物流规程：

（1）营业部门填制要货通知单 1～2 联，第 1 联留存，第 2 联转仓库保管员。

（2）仓库保管员根据营业部门要货通知单填制物流中心代销商品出库单 1～6 联，并备齐商品。

（3）仓库保管员将备齐商品连同出库单（加盖"货已收讫"章并签名）送至营业货区，经收货人与要货通知单第 1 联复核、验收商品后，在出库单上签字，并将第 1 联退回仓管员，第 5 联柜台留存，第 6 联转代销员，2～4 联转商品账。

（4）仓库保管员凭代销商品出库单第 1 联记库房代销库存商品明细账中的内库减少。

（5）商品账凭出库单第 3 联记代销库存商品明细账内库数量减少，经销库存商品明细账柜台数量增加，填进销存日报表（代转经），并记经销库存商品金额增加，代销库存商品金额减少。将出库单第 2 联转物流中心会计室，第 4 联转统计员。

（6）商店会计员接到商品账转来的代销商品出库单第 2 联，与当日进销存日报表复核后，增记二级账经销库存商品金额增加，代销库存商品金额减少。

（7）统计员接到商品账转来的代销商品出库单第 4 联，与当日进销存日报表复核后，记经销库存商品金额增加，代销库存商品金额减少。

（注：代销商品出库上柜台视同经销商品，即：代销库存商品金额减少，经销库存商品金额增加。）

二十七、商品入库出库票流物流传递时间要求

商品入库出库票流物流传递时间要求：

（1）仓管员接到储运部或工厂送来商品后，必须在1小时内验收完毕，将原始凭证传递给合同员。

（2）合同员接到仓管员转来的商品到货原始单据后，要立即审核注销合同，并分别加盖"经（代）销商品"等章，在半小时内传递给物价员。

（3）物价员接到合同员转来的商品到货原始单据后要立即编号，核定商品价格，在接票后1小时内传递给仓库保管员。

（4）仓库保管员接到物价员审核、定价后的原始单据，填制物流中心经（代）销商品入库单在2小时内传递到商店商品账。

（5）商店商品账接到仓库保管员转来的到货原始单据与物流中心经（代）销商品入库单，审核后填制物流中心营业部的进销存日报表，在次日上午传递到商店会计室。

（6）营业部门每日下午15：00前，分别填制要货通知单交至仓库保管员。

（7）仓库保管员接到营业部门的要货通知单后，填制物流中心经（代）销商品出库单并备齐商品，最晚于次日上午8：45前送至柜台。

（8）代销结算员要严格执行代销商品结算审核手续，保证结算符合规范程序，接票后必须在1小时内传递到会计室。

二十八、商品返厂管理制度

商品返厂管理制度：

（1）返厂商品的账务处理，要严格执行有关财会制度，真实体现、全面反

映返厂商品的应收应付关系，不得遗漏。

（2）凡需做返厂处理的购进商品，采购员必须征得厂方同意，与厂方达成处理意见并形成文字材料后，通知仓管员做好返厂的具体工作，否则不得盲目返厂。凡因盲目返厂造成的拖欠债务，由当事人负责追回。

（3）凡需做返厂处理的代销商品（包括厂方借、调的商品），采购员需提前15天与厂方联系，15天内收不到厂方答复，可留信函为凭，凡厂方无故拖延，不予返厂的商品，要向厂方收取保管费。

（4）商品返厂工作由采购员与厂方协调，仓管员统一办理各种手续。

（5）已出库的商品返厂，必须先退库，再由仓管员做返厂；已出库、未退库的商品和柜台内的商品，任何人不得随意返厂，否则按丢失商品追究当事人的责任。

（6）商品返厂时，仓管员要填制商品返厂单并随货同行，及时通告厂方凭单验收。

（7）物流中心各部室必须认真对待商品返厂工作，仓管员要点细数、清件数，包装捆扎要牢固，要详细填写铁路运单和运输凭证，并及时做好保管账卡的记录。

（8）凡是厂方采取以货换货直接调换商品方式解决商品返厂问题的，物流中心采购员、仓管员必须坚持"同种商品一次性调清不拖不欠"的原则，坚决不允许以金额核准数量的异货相抵。

二十九、商品退库返厂票流物流规程

1. 商品退库

（1）经销商品退库。

①凡柜台商品出现残损、串号，花色、型号、规格、等级与订货要求不符的

问题时，营业部门用红笔填制要货通知单1~2联，第1联留存，第2联转仓库。

②仓库保管员接到营业部门的要货通知单（第2联，红字）后开具经销商品出库单（红字）1~3联。待商品退回仓库，经收货人签字并加盖"货已收讫"章后，凭第1联记库房经销库存商品明细账内库增加。第2联转柜台，第3联转商品账。

③商品账收到仓库转来的出库单（红字）第3联，记经销库存商品明细账内库数量增加、柜台数量减少。

（2）代销商品退库。

①凡柜台商品出现残损、串号、花色、型号、规格、等级与订货要求不符的问题时，营业部门用红笔填制要货通知单1~2联，第1联留存，第2联转回仓库。

②仓库保管员接到营业部门要货通知单第2联（红字）后开具代销商品出库单（红字）1~5联，待商品退回仓库并加盖"货已收讫"章、收货人签名后，凭第1联记库房代销商品明细账内库数量增加。将第5联转柜台，第6联转代销员，2~4联转商品账。

③商品账凭第3联记代销库存商品明细账内库数量增加、柜台数量减少；凭第3联填进销存日报表（经转代），同时记金额账经销库存金额减少、代销商品库存金额增加。将2~4联分别转商店会计员、统计员。

④商店会计接到商品账转来的代销商品出库单第2联（红字）及进销存日报表后，记二级金额账，经销库存商品金额减少、代销库存商品金额增加。

⑤统计员接到商品账转来的代销商品出库单第4联（红字）同样增记经销库存商品金额减少，代销库存商品金额增加。

2. 商品返厂

（1）经销商品返厂。

①凡仓库商品出现残损、串号、花色、型号、规格、等级等与订货要求不符的问题需要返厂的由保管员填制物流中心经销商品入库单（红字）1~5联，物流中心返厂单1~5联（外埠商品返厂必须有厂方承认的函件方可开具返厂单）。

②仓库保管员将返厂的商品返回工厂，厂方经手人在经销商品入库单（红字）与返厂单上签字，返厂单第5联交厂方，仓管员根据签字后的入库单（红字）第1联记库房经销库存商品明细账内库数量减少，第5联转营业部门。2~4联入库单（红字）及返厂单2~4联转商品账。

③商品账接到返厂单2~4联及入库单（红字）2~4联审核无误后，凭第3联记经销库存商品明细账内库数量减少，同时填制当日营业部门进销存日报表，购进减少，记库存商品金额账减少。然后将第2、4联入库单（红字）和第2、4联返厂单附在进销存日报表后转商店会计。

④商店会计接到商品账转来的经销商品入库单第2、4联及返厂单第2、4联与进销存日报表，审核无误后做记账凭证，然后将经销商品•入库单第4联（红字）和返厂单第4联转统计。

（2）代销商品返厂。

代销商品返厂入库单（红字一式6联，第6联转代销员）。

（注：商品返厂必须由商店向税务部门索取进货退出证明单，交给供货方后方能办理退货手续。）

三十、物流中心进货单据流转制度

1. 从当地工厂进货

如果是直接从当地工厂进货，单据流转有两种情况。

（1）签有合同的订货商品，其流转过程与从外地进货基本相同，只不过银行托收凭证改为由财务部填制本地银行付款单，而随货同行联往往是对方厂方送货时连同送货回单一并带上，由仓库签收。

（2）没有签订合同的选购商品，其流转过程略有变化。即由采购员填制三联进货通知单，而不是由合同员填制凭证。本地进货一般不发生拒付，因为如果商品不合格，可予退回，不用付款。

2. 从本市各专业批发公司零兼批商店进货

（1）从本市专业批发公司进货，其单据流转的特点是物流中心不必再自行填制凭证。批发企业已有一式多联，除本身留用若干份外，其余交物流中心采购员，由采购员分别把结算联送商品柜记账，其余三联即提货联、代表联、随货同行联，由储运部提货，或由供货方送货上门。提货联由供货方发货人收下，商品由仓管员验收入库，代表联留存记账，随货同行联代进货通知单送商品柜。

（2）有些供货方为了搞活经济，对某些尚未打开销售局面的新产品和一些呆滞商品，委托购货方代销或赊销给购货方。代销是指供货方先发货给购货方，待商品全部销完或部分销完后购货方再付款。赊销与代销略有不同，它不是以商品是否售出为付款标志，而是以时间为付款标志，是一种延期付款的销货方式。在采购"代销"、"赊销"商品时，合同管理员或采购员在开具进货通知单时应注以"代销"、"赊销"字样，有条件的可以设计专门的"代销"、"赊销"进货通告单，以便各环节在记账时与进销商品有所区别，不作库存商品。在柜台进销存日报表或柜台记账簿上以"负"字出现，等付款后再更正过来。也有些物流公司在设计进销存日报表时专门分列了进销、代销、赊销商品项目，其优点是加强了管理，其缺点是比较繁琐。

3. 从外地进货

（1）合同管理员接到外地供货方发出的银行托收凭证和发票后，应逐笔核对合同。核对无误后，把供货方单据转交商品柜做账，同时根据单据所列商品一一注销合同，填制进货通知单一式3联，其中存根留存作合同数量减少的凭证，商品柜联和仓库联送交仓库。

（2）仓管员收到合同管理员送来的商品柜联和仓库联后，应做好收货准备。当收到运输部门从车站码头提货转来的随货同行联和商品实物后，当天验收入库。仓库联作为保管账凭证，商品柜联送至商品柜作为到货通知。

（3）商品柜收到合同管理员转来的银行托收凭证、发票和仓库转来的进货通知单（商品柜联）后，即记入进销存日报表，并一起转交到商品部核算员，同时把通知单上的商品记入内仓存货账。

（4）核算员收到各商品柜转来的报表、凭证后，立即汇总记账，再转交到物流中心财务部。

（5）财务部收到各种凭证、报表后再次核对，无误后按要求将货款在规定期限内汇出。

4. 执行进货程序应注意的问题

（1）如果是第一次经营的新商品，合同管理员在收到供货方发票后，先要附上样品实物交物价部门核价，再转入正常程序。

（2）如果供货方是老客户，信誉一直很好，也可以不等货物入库即先行付款，由财务部门填制在途商品账，等货物验收完毕后再记入库存商品账内。

（3）如果供货方的商品在质量上或其他方面有问题，合同管理员应拒付货款，填写拒付通知单。

三十一、四好仓库标准

1. 服务思想好

（1）文明管库，礼貌待人，服务周到，努力为柜台提供一流的服务。仓管人员要加强学习，提高业务素质；经常主动征求和虚心听取意见，不断改善经营管理，提高服务质量。

（2）坚持送货到柜台制度，新入库的商品2天之内送到柜台，做到散仓有货，柜台必须有货，外库有的商品散库就有（下站直接入外库的商品，在接到到货通知单后3天之内办完手续，不完备的及时报商店经理）。

坚持每天到柜台收要货单，提前备货，次日开门前送到柜台。

（3）收发商品及时、准确，不无故压票、顶票，不刁难顶撞柜组人员。无白条出库和付人情货现象。

2. 安全生产好

（1）认真执行物流中心内各项安全管理制度和各项操作规程，坚持班前、班后检查，风、雨、雪之前、之中、之后的检查，并做好记录。

（2）坚持双人出库、双人复校及动碰制度，做到无盗窃、无损失、无差错。

（3）商品堆码"五距"合理，通道保持畅通，标识正确，没有无垫存放货物问题。

（4）消防器材经常检查并保持灵敏有效。仓管人员做到会报警、会使用消防器材、会灭小火，无携带火种和易燃物品进入库房现象。

3. 保管养护好

（1）把好入库验收关、出库复核关及在库保养关，做到安全、准确、无差错事故。

（2）根据安全、方便、节约的原则，合理堆码商品，做到安全、整齐、牢固、美观、无倒置，遇有破箱做到及时清点、整理、包装，商品分区分类，货位有编号，层批标量，垛段号准确，动碰复核，账、货、卡相符。

（3）有专人负责记录库内温湿度，进行温湿度管理。积极改善仓库储存条件，使库房达到通风、防潮、防尘等要求，库内外保持清洁卫生。

（4）仓管人员熟悉商品特性，精心养护商品，做到商品无霉变、无残损、无锈蚀、无虫蛀、无鼠咬及其他变质事故（经常保持库内外清洁卫生）。

（5）商品出库做到先进先出、易坏先出、接近失效期先出。根据本物流中心仓库的特点，积极调整库存结构；散仓单一品种商品储存量不超过 1 个月（1～2件的除外）。

4. 指标完成好

（1）单位面积储存量。储存商品品种多、数量小、堆码难度大的仓库，单位储存量应在 0.40/平方米。仓管员坚持"三勤"制度，即勤倒垛、勤开垛、勤整理，每天保证有 1 小时以上整理货位的时间。

（2）账货相符率。保管账的记载必须及时、准确、完整。坚持日记日清，账页上的栏次正确，字迹端正清楚，无涂改，做到品名、规格、等级、产地、编号、数量等账货相符率达99.5%。

（3）收缴差错率，要求差错率不超过5‰。为了鼓励仓管人员及时挽回差错损失，在差错发生后的 5 天内，能积极查清并未造成损失的，不计差错率。

（4）平均保管损失。要求不超过 0.5‰。商品保管损失包括：因保管养护不善而造成的商品霉变、残损、丢失、短少、超定额损耗，以及不按规定验收、错收、错付而发生的损失等。

第二节　物流商品、仓库管理表格

三十二、原材料管理表

年　月　日

原料名	预 定			实 际			差异	摘要
	数量	单价	金额	数量	单价	金额		

三十三、产品管理明细表

订购									进货			出货			库存数	抵押			摘要
月	日	订单编号	订购数量	交货日期	交货数量	验收日期	合格数量	不合格数	未交货余额	月	日	订单号码	数量	月	日	订单号码	数量	月	日	余额	

零件号码	零件名称	规格	图号		

三十四、存货月报表

类别　　　　　　　月份：　　　　　　　　　　年　月　日

存货名称	期初存货		本期进货		本期出库		本期结存	
	数量	金额	数量	金额	数量	金额	数量	金额
合计								

审核：　　　　　　　　　　　　　　　　制表：

三十五、材料库存计划表

月份　　　　　　　　　　　　　　　　　　　　　年　月　日

目次	品名及规格	材料编号	生产量		单位用量		损耗率%	总用量	库存量		计划用量	单价	金额	需要日期	订购单号码	需要日期						备注
			数量	单位	用量	小计			库存	数量						5	10	15	20	25	30	

三十六、材料仓库日报表

编号：　　　　　　　　　　　　　　　　年　　月　　日

品名	规格	材料编号	单位	昨日结库	本日进库	本日出库	本日结库	备注

三十七、原材料库存记录

日期	品名	规格	存 放 仓库别	材料 编号	最低 存量	凭证 号码	订单 号码	本期 收料	本期 发出	结存量	滞存量 说明

三十八、存货账存实存调节表

年　月　日　　　　　　　　　　　　　　　　　　　　　页次：

盘点单编号	存货编号	品名/规格	单位	库存数量				单价	金额	账面数量（会计数量）	差　异			备注
				盘点	加	减	调整后				数量	单价	金额	

第1联：会计部门存。　　　　　　　　　　　　　　　制表：

第2联：仓储部门存。

第七章　物流验收领发货及滞废品处理管理制度与表格

第一节　物流验收领发货及滞废品处理管理制度

一、商品接收制度

商品接收是指商品运达指定地点后，收货单位组织人力、物力，向运输部门领取商品的一系列业务活动。商品接收是商品运输的中间环节。物流中心组织商品接收工作时，应做到速度快、验收严、责任明确、手续清楚。

1. 做好接收前的准备工作

（1）明确船号、车次、到货时间和商品的品名、数量，以便根据商品的类别、数量的大小，组织相应的人力、物力，及时进行商品的接收工作。

（2）物流中心接收需要入库的商品时，一方面要组织好短途搬运的人力和工具；另一方面要安排好仓容和货位，保证商品能够及时验收入库。物流中心自己卸货的，还要准备好卸货力量。

2. 做好商品的分运和中转运输

（1）商品不可能完全实行直达直运，往往采取就车站码头分装直拨的办法来达到直达运输的目的。物流中心接收需要分装直拨的商品时，应与各收货单位联系，确定分运的运输工具和装卸力量。

（2）中转运输，是指商品在运输途中，需要中途改换运输工具，进行换装和重新办理托运手续的业务活动。物流中心接收的商品需要随时办理中转业务的，必须衔接运输计划，做好运输工具、装卸搬运力量、仓库安排和补包换包等准备工作。

（3）接收商品时的注意事项：

①凭货物领取通知单和有关证件在规定日期内提货，防止因延期提货被罚停滞费。

②接收商品时，应派专人到交接场地，会同承运部门清点商品，并做好接收记录。商品交接时，应逐件进行清点验收，检查包装是否完好无损，单货是否相符。如发现包装破损，商品污染、变质、短少等情况，应会同承运部门及有关人员详细清点、如实记录，以便调查处理。

③交接手续办完后，要将盖了章的运输交接单回执在5天内退回发货或中转单位，并持货物搬运证将商品运回。

④分清责任，及时处理运输事故。

3. 商品运输责任的划分和索赔

（1）商品在承运单位承运前发生的损失，由发货单位负责；商品运达目的地、办完交接手续后发生的损失，由物流中心负责。商品自办完承运交接手续时起至交付给收货单位时止发生的损失，由承运单位负责。但是，承运单位不负责由于自然灾害、商品本身性质以及发货、收货、中转单位工作差错造成的损失。

（2）为了正确分析事故产生的原因和进行处理，运输部门要对发生的事故进行记录，物流中心可以根据事故记录办理索赔。一般索赔期为180天。物流中心在规定期限内申请索赔时，应先向到站索取索赔要求书，填写后连同货运记录（承运单位造成的事故记录）、货物清单、商品调拨单、价格证明单等有关证件送交到站货运管理部门，自己留存赔偿要求书收据。待运输部门同意赔偿后，再去领取赔偿款。如果发生的事故并非运输部门的责任，物流中心应在收货后的15天内提出查询，并附上有关证件（承运部门普通记录、装箱单等）。查询的顺序是由中转单位（中转运输的商品）到发货单位。必要时应派专人到现场调查处理。

4. 收货单位与承运单位办理商品交接手续

（1）凡是由承运方卸货的，在其仓库、货场交接验收。

（2）不是专用线或专用码头，又由物流中心卸货的，物流中心与承运方共同拆封监卸。

（3）在专用铁路线卸货的，棚车可凭铅封交接，敞车可凭外部状态是否完整交接。

二、进货检验程序

1. 目的

通过对进货检验的控制，防止未经验证及不合格的物资投入使用，以确保提供服务的质量。

2. 适用范围

适用于采购物资的入库验证。

3. 职责

仓管员负责对入库物资的验证和记录，部门主管负责监督。

4. 工作程序

（1）仓管员依据审批后的请购单或采购计划对所采购的物资进行入库检验。

（2）对批量采购的数量超过 10 个（含 10 个）的物品，采取抽检的方式进行检验，即从所购物品中按总数 10% 的比例抽检，抽取的数量不得少于 10 个；

对零星采购的或数量少于 10 个的物品逐个进行验证。

（3）检验根据情况可采用核对数量、外观检查和合格证检查等方式进行。对涉及安全性能的产品如电器类、水暖器材、消防用具类、化工原料类，必须要检查合格证；对小五金类、绝缘材料类、标准件类和其他杂项类，应核对规格、型号和数量与采购文件是否一致，外观和包装有无破损等。

（4）检验结果由仓管员进行记录和保存，对验收中发现的不合格品，按不合格品的控制程序执行。

（5）对急需使用的来不及检验的物品，经部门负责人或其授权人员签名后，可予以紧急放行。放行部分要有明确标识，没有放行的部分按常规进行检验。

三、检验状态控制程序

1. 目的

通过对所有影响服务质量的物品和服务过程各个阶段的工作状态进行检验状态的标识，防止不合格品投入使用，明确对服务质量的评价。

2. 适用范围

适用于公司所有用于提供服务的物品及服务活动。

3. 职责

（1）仓管员负责对进货物品的检验状态进行标识。

（2）管理处负责对用于提供服务的设备、设施和各类服务活动质量的检验状态的标识和记录。

4. 工作程序

（1）来料物资的检验状态标识。管理处的库房设置合格区、不合格区和待验区等，并悬挂相应的标识牌。来料在未验证之前均应放在待验区，检验后由仓管员根据合格、不合格状态对应分区放置。

（2）设备、设施的检验状态标识。管理处各部门对用于提供服务的设备、设施检验后，对处于完好状态的不予标识；对故障设备悬挂"维修中"标牌。

（3）服务活动过程的检验状态的记录。管理处定期组织服务质量内部检查，评价状态由管理处自行标识（记录），可采用流动红旗、奖牌、检验记录等方法。外部服务质量评价的标识均以外部授予的奖牌、证书和文字记录等进行确认。

四、商品验收入库流转制度

商品验收是物流中心对供应商所供商品的确认，也是商店内部商品流通环节对接收商品的确认。

1. 商品验收的一般程序

（1）商品验收。

①对单验收。对单验收，是指仓库保管员对照进货通知单的品名、规格、质量、价格等依次逐项检查商品，注意有无单货不符或漏发、错发的现象。

②数量验收。一般是原件点整数、散件点细数、贵重商品逐一仔细核对。

③质量验收。保管员通过感官或简单仪器检查商品的质量、规格、等级、价格，如外观是否完整无损、零部件是否齐全、食品是否变质过期、易碎商品是否破裂损伤。

（2）填制商品入库验收单。

仓库保管员按表式规定填写商品入库验收单。如果已由合同管理员（采购员）填制过进货凭证，就可用该凭证作验收单，而不必另行填制。如果单货不符，则要填写溢短残损查询单，经仓库负责人核对签字后，作为今后与供货方、运输方交涉的凭证。

（3）记载保管商品存货账。

验收结束后，保管员根据验收凭证记载保管商品存货账。仓库用的保管存货账同市场上现售的商品明细分类账。有些仓库只控制数量不计算金额，还可使用记载数量收、发、存的三类式账页。

（4）商品入库。

商品入库前应做好准备工作，例如安排货位、准备苫垫用品、装卸搬运工具、检验度量衡器具，组织好收货人力等，还要准备好商品标签（如下所示）。

商品标签

（商品标签式样）

```
┌─────────────────────────────────────────┐
│                                           │
│            _____中心                │
│                                           │
│   货号_____品名_____规格_____        │
│                                           │
│   单价_____       │
│                                           │
│   产地_____       │
│                                           │
│   日期_____       │
│                                           │
│                                           │
│                                           │
└─────────────────────────────────────────┘
```

2. 验收环节中的票据流转

溢短残损查询单流转程序说明：

（1）保管员在验收商品时，如发现商品残损、变质、串号、短少等情况，必须由证明人签章，填写查询单一式5联交查询员。

（2）查询员收到查询单应到现场了解情况。如果符合查询标准，即加盖查询专用章，将存根联留底备查，保管联送保管员，会计联交营业柜，答复联、发货方联寄给供货单位。

（3）保管员收到查询单，依保管联记保管账留存。

（4）营业员收到会计联后记资金账和日报表交给核算员。

（5）核算员汇总后交会计部。

（6）会计部收到后记账并留存。

（7）供货单位答复补回商品时，查询员应通知保管员，用红字填写存根联、保管联、会计联并加盖"商品收讫"章，票据仍按上列程序流转。如果供货方补充货款，则由会计通知查询员，注销原查询，并将结算单据交商品柜、核算员、会计部逐级冲收。

五、进料作业流程

1．供应商

厂商填写验收单一式5联。

2．点收

（1）送至暂存区，仓库保管员核对订单及点收。

（2）若数量正确，在验收单上签收。

（3）销订单档，编号登入进货日报表。

（4）验收单第4联厂商存底，物料移送质量管理部门。

3．检验

（1）质量管理部门依进料检验规格表抽验货物。

（2）进料检验规格表由质量管理部门自存。

4．记录

（1）抽验结果记于物料入厂检验表，由质量管理部门自存。

（2）允收签章。

（3）贴绿色允收签。验收单第 1 联交质管，第 2 联交仓库，第 3 联交会计，第 5 联交采购。

（4）采购销订单档。

5．入库

（1）原物料入库，记入账卡。

（2）入计算机库存账。

（3）核对发票无误后，汇总送会计。

六、发料作业管理办法

1．领料

（1）使用部门领用材料时，由领用经办人员开立领料单经主管核签后，到仓库办理领料。

（2）领用工具类材料（明细由公司自行制定）时，领用保管人应持工具保管记录卡到仓库办理领用保管手续。

（3）进厂材料检验中，因急用而需领料时，其"领料单"应经主管核签，并在单据上注明，方可领用。

2．发料

由生产管理部门开立的发料单经主管核签后，转送仓库依发料日期备料，并送至现场点交签收。

3．材料的转移

凡经常使用或体积较大须存于使用单位的材料，由使用单位填制材料移转单到资料库办理移转，并于每日下班前依实际用量填制领料单，经主管核签后送材料库冲转出账。

4. 退料

（1）使用单位领用的材料，在使用时遇有质量异常、用料变更或用余时，应注记于退料单内，再连同材料一起交回仓库。

（2）材料质量异常欲退料时，应先将退料品及退料单送质量管理部门检验，并将检验结果注记于退料单内，连同材料一起交回仓库。

（3）对于使用单位退回的料品，仓库人员应依检验退回的原因研判处理对策，如原因系供应商造成的，应立即与采购人员协调供应商处理。

七、滞料与滞成品管理制度

1. **目的**

为有效推动本公司滞存材料及滞存成品的处理，以达物尽其用、货畅其流，减少资金积压及管理困扰的目的，特制定本制度。

2. **定义**

（1）滞料：凡质量（型式、规格、材质、效能）不合标准，存储过久已无使用机会，或虽有使用机会但用料极少且存量多有变质顾虑，或因陈腐、劣化、革新等现状已不适用需进行处理的材料。

滞存原因分类如下：

①销售预测偏高致使储料过剩（计划生产原料）。

②订单取消剩余的材料（订单生产）。

③工程变更所剩余的材料。

④质量（型式、规格、材质、效能）不合标准的材料。

⑤仓储管理不善致使材料陈腐、劣化、变质。

⑥用料预算大于实际领用的材料。

⑦请购不当的材料。

⑧试验材料。

⑨代客加工余料。

（2）滞成品：凡因质量不合标准，储存不当变质或制成后遭客户取消、超额制作等原因影响，导致储存期间超过6个月（次级品超过3个月），需进行处理的成品。

滞存原因分类如下：

①计划生产：

A. 正常品交库期间超过6个月未销售或未售完。

B. 正常品交库期间虽未超过6个月但有变质。

C. 与正品同规格因质量问题或其他特殊原因未能出库。

D. 每批生产所发生的次级品储存期间超过3个月。

②订单生产：

A. 订单遭客户取消超过3个月未能转售或转售未完。

B. 超额制作。

C. 生产所发生的次级品。

③其他：

A. 试制品交库超过3个月未出库。

B. 销货退回经重整列为次级品。

3. 滞料处理作业程序

（1）各公司物料管理科每月5日前，应依料库类别的原物料中最近6个月无异动（无异动的依据以配料单及领用单为准），或异动数量未超过库存量30%的材料，列出"6个月无异动滞料明细表"一式3联，送交滞料处理人。

（2）滞料处理人接获滞料表后，立即组织工作小组追查滞存原因，拟订处理方式与期限，并将结果填入滞料表中相应栏目，呈总经理核准。

（3）资料科接获滞料表后应立即在材料账卡上注明为滞料及处理方式。

（4）滞料处理人依滞料表将处理方式属于出售、交换的部分交由采购部处理。

（5）工程部门接到滞料处理人送达的滞料处理表后，应立即依所拟订的处理期限予以处理并做记录。期限届满尚未处理或没有处理结果的，应立即说明原因，并重拟处理方式及处理期限，送滞料处理人（已处理的滞料结果部分亦同时送达），经滞料处理人签注意见并呈总经理核实后，送回工程部门继续处理。

（6）拟以报废方式处理的滞料，应由滞料处理人依资材管理准则的核准权限签准报废，并由物料管理部门根据核准及签呈开立材料领用单及材料交库单交废料仓库。

（7）滞料处理部门未将处理期限届满的滞料处理表送交滞料处理人时，滞料处理人应立即以催办单督促。

（8）滞料处理人于次月10日前提报滞料出售明细表及滞料发生及处理结果汇总表呈总经理签核。

八、废品处理制度

废品处理应遵守相关制度：

（1）废品的范围：废旧金属，玻璃，废纸皮、纸板、纸盒，旧报刊，废旧地毡，烂木板，废旧塑料膜、袋、盒，废旧麻袋等。

（2）各部门搜集的废品可由各部门自行处理，或送交仓管部统一处理。

（3）仓管部门在收到各部门送到的废旧物品时，应做好登记，注明品名、数量并签收，逐月按各部门实交废旧物品汇记数量。

（4）各种废旧物料的处理收入要冲销营业成本。其余废旧物品作废品按二八分成（部门占八成，公司占二成），部门所得部分由部门自行处理，属公司所得，统一分配公司无废品的各部门。

第二节　物流验收领发货及滞废品处理管理表格

九、验收单

年　月　日

厂商名称						
采购单号	材料名称、规格	交货数量	采购数量	短缺退回数量	单价	总价
备注						

主管：　　　　　证明人：　　　　　　　　　　　　点收人：

十、商品领出日报表

年　月　日

品名	取出		带回		销货额		增　减		备注
	数量	金额	数量	金额	数量	金额	增加	不足	

十一、订单登记表

月份

接单日期			制造	客户名称	产品名称	数量	出口条件	单价	金额	预定交货	信用情况		生产日期	装船	押汇期限	运费保险费	退税凭证
年	月	日	单号								已接单	截止日	自至	自至			

十二、发货通知单

编号：

客户名称：　　　　　　订单号码：　　　　　　□一次交货

地　　址：　　　　　　订货日期：　　　　　　□分批交货

产品名称	产品编号	数量	单价	金额
总　价				

仓库：　　　　主管：　　　　核准：　　　　填单：

十三、发货明细表

客户：　　　　　发货单号：　　　　　　　　　　　　　日期：

	区号	编号	码数	重量	瑕疵	备注		区号	编号	码数	重量	瑕疵	备注
1							21						
2							22						
3							23						
4							24						
5							25						
6							26						
7							27						
8							28						
9							29						
10							30						
11							31						
12							32						
13							33						
14							34						
15							35						
16							36						
17							37						
18							38						
19							39						
20							40						
合计							合计						

十四、货品欠发清单

原发货凭证（销货单）									已发数	未发数
年	月	日	编号	客户名称	品名	单位	数量	单价	金额	

十五、材料耗用汇总表

年　月 　　　　　　　　　　　　　　　　　　　　　　金额单位：元

项　目	甲材料		乙材料		丙材料		金额合计
	数量（吨）	金额	数量（吨）	金额	数量（吨）	金额	
制造产品耗用							
其中：A产品耗用							
B产品耗用							
生产车间一般耗用							
行政管理部门耗用							
合　计							

十六、半成品报废单

制造号码：　　　　　　　　　　　　制造品名：

订货数量：　　　　　　　　　　　　制造数量：

制造日期：　　　　　　　　　　　　完成日期：

日期	摘要	领料	发料	单位	废料	实费工时	收料签章

部长：　　　　　　　组长：　　　　　　　制表：

第八章 物流车辆管理制度与表格

第一节 物流车辆管理制度

一、车队调度岗位职责

车队调度岗位职责：

（1）负责物流中心各车组人员的调配，掌握各车经济技术指标和完成任务情况，合理安排车辆。

（2）负责车辆通行证和各车辆证件的发放工作。

（3）根据各单位用车情况和行车路线、装卸地点填制派车单，提高运营率。

（4）负责查询车辆执行任务情况，发现问题及时采取措施，妥善解决。

（5）负责核算各单位登记用车的运量，按月统计，年底进行汇总。

（6）负责核算车辆用油量。

（7）负责司机、装卸工的考勤工作。

二、车务部仓库管理员岗位职责

车务部仓库管理岗位职责：

（1）物资验收要单据齐全，记录完整，物单相符，物品不破损才准入库。

（2）物资发放要手续完善，印章齐全，有消耗定额的要坚持按定额标准交旧领新，要保质保量，当面点清，发料要准确快捷。

（3）对物资的保管要认真负责，做到勤检查、勤清理、勤保养、勤核对。物资进仓上架要按汽车各大系统分类摆放整齐。要及时记好账，做到账、卡、物相符。

（4）仓库重地，无关人员不准进入。注意防火、防爆、防盗、防潮，杜绝事故，保证仓库安全。

（5）保持库内及库区环境整洁卫生。

三、车务部油料员岗位职责

车务部油料员岗位职责：

（1）严格遵守油库的安全管理规定，油车停放点和油库不准闲人进入，不得在库区堆放杂物、会见亲友、接待客人。

（2）执行油料管理制度，严格领发手续，坚持先开单后发油，做到油料账与库存相符。

（3）月终统计每台车耗油数量，报财务部门核实公布。

（4）工作认真负责，不徇私情，不弄虚作假。

（5）提高警惕，严密防范，对加油点的防火器材要经常检查，并设置严禁烟火标志。

（6）爱护物流中心财产，保持加油泵与加油容器干净，注意场地的清洁卫生。

四、提运员岗位职责

提运员岗位职责：

（1）上班时间不迟到、早退，上班打卡后到经理室签到。上岗后认真清点提货单据，接受当天任务。根据任务性质，整理单据、货款。如属国际托运，出发时要提醒、督促托运组备齐一切手续。

（2）及时领取提货通知单。提货时，提运员必须根据提单的品名、型号、规格、数量进行验收，如发现不符合要求可拒绝提货。

（3）在车站、码头提托运回来的物品，若有破损、差错等问题，必须做好现场记录，以备交涉索赔工作。

（4）提运员要督促并要求搬运工人对物品轻拿轻放，防止物品破损，并堆放整齐。

（5）保证物品不在运输途中丢失。认真填写物品交接单，做好交接工作。

（6）在外工作时要严守纪律，杜绝有损物流中心声誉的言行。

五、搬运工人岗位职责

搬运工人岗位职责：

（1）上下班准时，不迟到、不早退。服从提运员、保管员的安排。吃苦耐劳，努力工作。

（2）提货时，要配合提运员点准货品数量。如货品满载，搬运人员必须坐在车尾位置，保障货品不在运输途中丢失。

（3）送货到现场，必须按出货要求办理手续，点清品名、数量。装卸货物要轻拿轻放，按指定位置把货物堆放整齐，做到左右成行、点面成线，禁止将物品倒放。搬运途中要小心，防止损坏物品，碰坏墙或玻璃。爱护提运工具及车辆。由于不按操作要求而使物流中心财产受损失的，要追究当事人的责任。

（4）要遵守物流中心的各项规章制度，在外单位提货时，杜绝有损物流中心形象的言行。

六、车辆管理办法

第一条　车辆管理

（1）公司公务车的证照及其稽核等事务统一由管理部负责管理，配属各营业部的车辆由主管指派专人调派，并负责维修、检验、清洁等工作。

（2）公司员工因公用车须事先向车管专人申请调派；车管专人依重要性顺序派车，不按规定办理申请者不得派车。

（3）每车应设置车辆行驶记录表，并在使用前核对车辆里程表与记录表上前一次用车的记载是否相符，使用后应记载行驶里程、时间、地点、用途等。管理部每月抽查一次，发现记载不实、不全或未记载者，应呈报主管提出批评，对不听劝阻屡教屡犯者应给予处分。

（4）每车设置车辆使用记录表，由营业会计于每次加油及维修保养时记录，以了解车辆受控状况。每月初连同行驶记录表一并转管理部稽核。

第二条　车辆使用

（1）使用人必须持有驾照。

（2）公务车不得借给非公司人员使用。

（3）使用人驾驶车辆前应对车辆做基本检查（如水箱、油量、机油、刹车油、电瓶、轮胎、外观等）。如发现故障、配件失窃或损坏等现象，应立即报告，否则最后使用人要对由此引发的后果负责。

（4）驾驶人须严守交通规则。

（5）驾驶人不得擅自将公务车开回家或做私用。

（6）车辆应停放于指定位置、停车场或适当的位置。

（7）为私人目的借用公车应先填写车辆使用申请单，注明私用，并经主管核准后转管理部营业会计稽核。

（8）使用人应爱护车辆，保证机件、外观良好，使用后应将车辆清洗干净。

（9）公车私用时若发生事故导致车辆损毁、失窃等，扣掉保险赔偿额后全部费用由私人负担。

第三条　车辆保养

（1）车辆维修、清洗、打蜡等应当填写车辆使用申请单，注明行驶里程，核准后方得送修。

（2）车辆应由车管专人指定厂商保养，特约修护厂维修，否则修护费一律不准报销。自行修复者，可报销购买材料零件的费用。

（3）车辆于行驶途中发生故障或其他耗损急需修理更换零件时，可视实际情况需要进行修理，但无迫切需要或修理费超过2000元时，应与车管专人联系，请求批示。

（4）由于驾驶人使用不当或车管专人疏于保养而致车辆损坏或机件故障时，所需修护费应依情节轻重，由公司与驾驶人或车管专人负担。

第四条　违规与事故处理

（1）有下列情形之一，违反交通规则或发生事故，车辆修理费由驾驶人负担，并给予当事人记过或免职处分：

①无照驾驶。

②未经许可将车借给他人使用。

（2）违反交通规则，其罚款由驾驶人负担。

（3）车辆在公务途中发生事故，应当急救伤患人员，向附近警察机关报案，并立即通知管理部及主管联合协助处理。如属小事故，可自行处理后再向管理部报告。

（4）意外事故造成车辆损坏，其修理费用在扣除保险金额后，视实际情况由驾驶人与公司共同负担。

（5）发生交通事故后，如需向受害当事人赔偿损失，经扣除保险金额后，其差额由驾驶人与公司共同负担。

第五条　费用报销

（1）公务车油料及维修费以相关凭证实报实销。

（2）公车私用：累计行程在 1500 公里以内的，每次行驶 30 公里内上缴公司 2 元/公里，每次行驶超过 30 公里上缴 1.6 元/公里；累计行程 1600 公里以上的，每次行驶 30 公里内上缴公司 2.2 元/公里，每次行驶超过 30 公里上缴 1.8 元/公里。

七、交通安全管理规定

第一条　为加强公司交通安全管理，落实交通安全责任制，认真贯彻"安全第一，预防为主"的方针，特制订本规定。

第二条　统一领导，部门负责，建立健全交通安全领导组织机构。

（1）公司副总经理全面负责公司交通安全工作。

（2）各部门主要领导全面负责本部门交通安全工作。

（3）各部门确定一名交通安全员，具体负责交通安全工作的检查和实施。

（4）公司办公室确定一名交通安全员，负责公司机动车辆管理、交通安全工作情况检查以及同交通管理部门和地区安全委员会的日常工作联系。

（5）由公司交通安全负责人、各部门交通安全负责人和车管主任组成公司交通安全工作领导小组，领导、部署和检查公司的交通安全工作。

（6）公司交通安全工作领导小组的日常办公地点设在公司办公室，办公室主任为交通安全工作领导小组常务副组长。

第三条　公司和各部门主要领导须将交通安全工作列入工作议事日程，定期召开交通安全工作小组会议和安全员会议，检查交通安全工作落实情况，宣传交通安全法规和交通行为规范，认真贯彻执行公司安全委员会的规章制度和会议精神，经常与交通管理部门和地区安全委员会联系，求得他们对交通安全工作的指导和帮助。

第四条　认真贯彻《市交通安全责任暂行规定》和交通安全法规，实行岗位责任制和目标管理，做到交通安全工作有布置、有检查、有落实，并把交通安全工作同公司各部门的业务工作和经营效益结合起来进行评比检查。

第五条　建立奖惩机制，半年小结和年度评比时，对模范遵守交通安全规则、工作成绩突出的人员给予精神鼓励和物质奖励。对违反交通安全规定、发生违章和交通事故的，给予通报批评、处分和经济处罚。

第六条　机动车管理

（1）公司和各部门的司机必须服从公司交通安全工作领导小组的管理，严格遵守交通法规和行为规范，杜绝酒后驾车等违章行为，服从交通民警的指挥，保证安全行车。

（2）爱护车辆，保持车辆整洁，对零部件进行定期检查、维修和保养，使车辆随时保持良好状态，确保行驶安全。杜绝病车、故障车勉强上路行驶。

（3）车辆实行专人驾驶保管、车管干部主管监督检查的制度，严禁不经领导批准将车辆交给非专职司机驾驶，严禁无驾驶证人员驾驶车辆。

（4）公司非专职司机驾驶机动车辆，须经公司交通安全领导小组领导批准。

（5）认真执行车辆回库制度，因特殊原因不能回库，须经公司领导批准，并确认车辆在外停放安全。

八、业务用车管理规定

第一条　公司各类业务用车的使用管理均以本规定为准。

第二条　本规定所指的业务用车包括轿车、货车、商务用车、宣传车等。

第三条　各类业务用车的管理由总务部负责，日常运营管理由主管部门负责。

第四条　公司如认为业务上确有必要，可为各部（或科）、分店配置专车。此时，应指定专人负责运营管理，负责人名单报总务部。

第五条　除日常为接送公司领导用车外，用车需经主管上级批准，并与总务科联系。

第六条　公司车辆调配者为保证公司业务的顺利运转，应准确把握车辆的运营状况和用途，科学地有计划调配车辆。

第七条　公司业务用车禁止私用或个人专用。公司领导的用车另行规定。

第八条　驾车外出者，外出前必须将目的地、行车路线、需要时间等报告科长。

第九条　驾车外出者必须严格遵守交通规则，避免交通事故的发生。

第十条　驾驶者使用的车辆应注意保养与维修。

第十一条　驾驶者在驾驶时间外，应注意按时休息和饮酒适度。

第十二条　为提高车辆运营效率，各主管部门和总务部应对驾驶者进行经常性的教育与指导。

第十三条　当业务用车发生事故时，驾驶者应首先做应急处理，然后迅速与公司联系，依据公司的决定妥善处理，事后提交事故报告。

九、公务用车制度

公务用车需遵守相关制度：

（1）严格控制各部门使用汽车，属货运所需卡车，必须节约车位，满载运行，不迂回路线。非业务特殊需要或急需使用，不准使用小车、旅行车（面包车）、大客车等。

（2）需使用客用车时，使用部门或个人必须填写车辆申请单，经部门经理审查报总经理批准，车务部才可予以派车。因急需先使用车辆，事后也必须取得总经理批条，否则车费由当事人负责。

（3）分配给各部门使用的汽车，除指定专项用途者外，不得使用于联系工作。到郊区或其他远地方工作必须使用汽车者，一律经部门经理同意，否则，其费用由用车人员及司机共同负担。

（4）车务部对各部门或个人因公用车，必须凭总经理批条派车（急用须补批条），每月汇总批条向财务部报账。

（5）财务部对车务部上报的公务用车费用，必须逐笔严格审查用车原因、领导批条，对不适当用车或未经领导批准的用车，应坚决拒绝报销，并退回车务部向当事人追收车费。

十、车辆检查保养制度

车辆检查保养制度：

（1）承包车和班次车每月进行全面检查保养。班次车司机可利用例假并根据车辆的技术情况适当进行检查保养，保养项目、总里程应填写在车辆保养单上，由车管主管签字后方才有效；承包车辆亦可到外厂进行保养，但必须由该厂填写保养单并盖章。

（2）保养单应及时交安全室存档。

（3）每月少于两次停车保养的司机，除取消当月安全奖外，另给予一定的罚款。

十一、车辆维修保养制度

车辆维修保养制度：

（1）司机应加强对车辆的保养，爱护车辆，勤检查、勤打扫，出车前、收车后要检查，如有异常，及时向车队长报告，保证正常行驶。

（2）车辆需要维修时，先由司机填写维修项目单，车队长审查后制定修理计划，车辆方可进厂修理。

（3）修理工必须详细填写修理机件清单及修理费价目表，车辆修好后，由司机和安全员、车队长共同鉴定方可出厂。

（4）修理费发票必须由司机、车队长签名、物流中心总经理审批方可报销。

十二、司机日常工作制度

司机日常工作制度：

（1）上班后先到调度台报到，检查车容、仪容是否符合标准，启动车辆检查车况，确认一切都达到标准后即可在待命室内候派。

（2）调度台根据排班次序轮流派车，司机必须无条件接受调派命令，如有意见，应在执行任务后向上级反映。

（3）接受调派的司机应向调度台问清楚用车单位或姓名、用车时间、行车路线、付款方式等。开车前及完成任务后，均要用无线电话向调度台报告。

（4）执行任务时，凡须以记账或签单输入车费者，司机应在客人离车前请客人签单确认车费。接受电话预约订车必须准时到达用车地点，及时与租车单位负责人联系，并把车辆和车牌号、停车地点告诉对方。

（5）与客人见面时，要面带笑容向客人问候，打开车门，用手挡住车门框上沿请客人上车，热情搀扶老幼客人，主动帮助客人提拿行李物品。关好车门，待客人坐稳后，递上冷（热）毛巾。行车中如遇复杂路面，应提醒客人坐好。

（6）客人需要司机等候时，司机要耐心，不准有任何烦躁的表示，并选择合适地形将车停好等候客人。候客时不准远离车辆，不准在车上睡觉，不准翻阅客人放在车上的物品，不准用喇叭催人。

（7）载客到达目的地时，要主动把车开到客人下车的就近点，用敬语请客人签单，提醒客人带齐行李物品。

（8）客人下车后，要主动检查车内有无遗留物。每程客人下车后，司机均应清洁烟灰缸，抹净车厢内的脚印。发现客人遗留在车上的物品，要交给调度台处理。

（9）回到物流中心后，主动做好行车记录，清洁并停好车辆后，将车钥匙交调度台，车费及路单交财务收银处。

（10）接送客人时，中途不得无故更换驾驶人员。

十三、司机服务操作制度

司机服务操作制度：

（1）对客人要面带笑容，使用敬言，做到"请"字当头，始终坚持"客人至上，服务第一"的服务原则。

（2）"微笑"服务，给客人以亲切、愉快和轻松的感觉。

（3）树立良好的职业道德，不拣客、不拒载、不多收车费；空车行驶时，做到招手即停，开门载客（交通条件不允许时除外）。

（4）不论对任何客人，都要以礼相待，热情服务，绝不能厚此薄彼。

（5）急客人之所急，热情为客人排忧解难，给客人提供良好的服务。

（6）如遇客人有意刁难，应采取忍让克制态度，绝不允许和客人发生争吵，更不准打架斗殴。

（7）树立良好的驾驶作风，不争先、不抢道、不开斗气车，坚持文明行车。

十四、车务部安全奖罚制度

车务部安全奖罚制度：

（1）持有物流中心运输车辆驾驶证的职业司机，当月安全行驶，无事故发生，可享受当月安全奖。

（2）享受安全奖的司机必须每天如实填写安全公里数，按照有关规定填制月度报表，并于当月月终前报调度主管审核签名，由安全室造表汇总，财务室统一发放。

（3）短途行车或执行机动任务的司机，当月工作 20 天以上，无事故发生，亦可享受当月安全奖。

（4）当月发生交通事故，负次要责任以上过失，无论经济损失多少，肇事司机取消当月安全奖。

（5）一年内能安全行车、优质服务而又无投诉的司机，可享受年终安全奖。

十五、车辆营运后交款及保养制度

车辆劳动后交款及保养制度：

（1）营运后司机应清洗车辆，然后把车开回停车场停放好。

（2）熄灯，入排挡，拉紧手制动器，检查轮胎气压确保符合标准，紧固轮胎螺丝。

（3）补充机油、燃油、冷却水和电池水，保证次日车辆营运需要。

（4）清洁烟灰盒，检查车内是否有未熄烟头，防止易燃易爆物品留在车上，客人的遗留物品应及时处理。

（5）填写好路单，并撕下当天路单，取出测速卡片。

（6）关好车窗，锁好车门、尾盖。

（7）到调度台签路单，把测速卡片连同路单一起钉好；交车钥匙。

（8）到车务部办公室，将路单、营运款交收款员。

（9）到指定地点打考勤卡，更换制服后下班。

十六、计程收费表使用制度

计程收费表使用制度：

（1）严禁私自启封与拆计程收费表，如发现铅封与原装不符，要追查司机责任。

（2）客人上车时启动计程收费表，到达目的地时应关掉。

（3）营业时司机如发现计程收费表跳数不准，应立即报总调度及时安排修理，不可勉强使用。

（4）车队每年应对计程收费表统一进行一次调校，以维护乘客利益及物流中心声誉。

十七、车务部过失处理制度

车务部过失处理制度：

（1）凡犯有下列过失其中之一者，分程度轻重给予行政处分或罚款处理：

①坐客不落表，下客不起表继续接客。

②乱收车费。

③双程填单程，利用积累剩余公里数接客，收费不交公。

④推公里、推时间。

⑤不填好路单就开车，收电台费不填单，收约车费不如实填单，收留车外宿费不如实填单，收深夜服务费不如实填单。

⑥违反政府法令，利用汽车夹带物品参与走私。

⑦盗窃物品，如轮胎、汽油、工具及物流中心财物等。

⑧打架闹事，不遵纪守法。

（2）凡犯有下列过失其中之一者，给予警告或罚款处理：

①上下班前不搞好车内外卫生。

②上班时开车探亲访友、会客、办私事。

③车辆排队候客时三五成群聊天影响工作。

④不服从调度，上班不按规定时间出车营运。

⑤擅离工作岗位。

⑥开长途车不报总调度台，上班不开对讲机，对总调度呼叫不回答。

⑦填路单不认真，弄虚作假，涂改、撕毁路单。

⑧无故拖延不交当日车费。

⑨遗失或损坏路单，或将车票送给亲友。

⑩下班不签退，不交车钥匙。

⑪下班后不锁车门，不关对讲机，乱停乱放影响交通或阻碍他人停车。

⑫事前不办理请假手续，缺勤影响工作，补休、调休、轮休未经领导批准。

⑬服务态度不好，影响物流中心声誉。

⑭遗失车上设备、证件等。

十八、交通事故处理制度

交通事故处理制度：

（1）发生交通肇事的司机，除如实向副经理报告外，需立刻交一定金额到部门财务室作为保证金。

（2）事故处理的一切费用，除保险公司索赔部分外，全部由肇事司机承担。

（3）单位对肇事司机罚款如下：

①负全部责任的罚款损失的10%。

②负主要责任的罚款损失的9%。

③负同等责任的罚款损失的7%。

④负次要责任的罚款损失的 5%。

（4）出现重大交通事故（死亡 3 人或重伤 3 人，直接损失严重），负主要责任以上的司机除执行上述规定外，另给予如下处分：

①承包车司机，终止合同，押金充公。

②车务部司机，由车务部出示事故报告交人事部处理。

十九、对讲机使用制度

对讲机使用制度：

（1）使用对讲机时要严肃认真，通话要简明扼要，并运用礼貌语言，不讲与业务工作无关的事，不可在对讲机里聊天。

（2）司机上班时要打开对讲机电源开关，随时准备接收总调度室呼叫，下班时要立即关机。

（3）对总调度室的呼叫要立即回话，服从调度，不得故意不回答，违者要给予适当处罚。

（4）营运过程中如发生意外，要即刻向总调度报告，请示处理办法。

（5）如有特殊营运任务，如长时间、远距离运送客人，须征得总调度同意。

（6）司机离开车位，无论干什么事情都要向总调度报告，取得同意方可关机，并要锁好车门；回来时应立即开机，并向总调度报告。

（7）司机要爱护对讲机，妥善保管，不得将对讲机互换或借给别人；损坏或丢失要查明原因，如因失职造成其损坏或丢失，要按价赔偿。

第二节　物流车辆管理表格

二十、派车单

年　月　日

使用部门		随行人数	
起止 点及 时间			
事 由			
车号		行车里程		行车时数	
管理部门	主管： 经办人：	使用部门	主管： 使用人：

二十一、车辆登记表

使用人姓名		驾驶员姓名	
牌照号码		车　　名	
车身号码		车　　型	
购车日期		初检日期	
复检日期			

保险记录	保险公司	保险证号码	保险期限	保险内容

购置价格		经销商	
附属品	□收音机　□放音机　□热风　□冷风		

驾驶员	住址		电话	
	住址		电话	

二十二、车辆请修报告单

表一　　　　　　　　　　　　　　　　填表日期：　　年　月　日

车型		车号		驾驶员姓名	
请修项目预算	估计金额				
	维修预算				
	累计已动支预算				
	尚余预算				
请修项目及损坏原因					
审核意见					

主管：＿＿＿＿　管理员：＿＿＿＿　请修人：＿＿＿＿

表二　　　　　　　　　　　　　　＿＿＿年＿＿月＿＿日　编号：＿＿＿

车型及车号		里程数		责任人	
请修项目					
估计金额					
修理厂					
损坏原因					
审核意见					

主管：＿＿＿＿　复核：＿＿＿＿　管理员：＿＿＿＿　请修人：＿＿＿＿

二十三、车辆保养修理记录表

车型及车号：

年 / 月	日	项 目	金 额	保养前路码表数	经手人（签章）	主管（签章）

二十四、油料库存月报表

年 月

项 目	种 类							
	高级汽油		普通汽油		高级柴油		合 计	
	升	金额	升	金额	升	金额	升	金额
上月购油								
本月购油								
本月发油								
本月结存								
附注：								

制表：

二十五、车辆费用报销单

申请人			单位		车号	
报支期间					车型	
项目	张数	金额	（单据粘贴处）			
小计						

　　主管：_____　领款人：_____　填表日期：_____

二十六、车辆费用支出月报表

_____月份

税捐保险费		修理保养费		过桥费		汽油费		上月里程	
说明	金额	说明	金额	说明	金额	说明	金额	本月里程	
								行驶里程	
								本月总费用	
合计		合计		合计		合计		备注	
汽油费明细	日期	金额	经手人	日期	金额	经手人	日期	金额	经手人	日期	金额	经手人

　　经理：_____　会计：_____　填表：_____

二十七、车辆事故报告表

　年　月　日　　　　　报告者：　　　　科　（签章）

发生时间	年　月　日上午·下午　时　分		
事故种类	1. 人车相撞（轻伤　住院　重伤　病危　死亡） 2. 车辆本身（颠覆　冲撞　冲出路外　零件损坏　其他） 3. 车辆相撞（擦撞　追撞　冲撞　其他）		
发生地点			
事故原因 及情况		现场概图	
共乘者		见证人	
当事人		对方	
姓名		姓名	
单位		公司名	
本人地址		本人地址	
联络处		公司地址	
车种/出厂年份		车种/出厂年份	
车牌号码		车牌号码	
驾照号码		驾照号码	
保险公司		保险公司	
保险单号码		保险单号码	
损失额明细		损失额明细	
损失部分		损失部分	
备注：			

第九章　物流安保及卫生管理制度与表格

第一节　物流安保及卫生管理制度

一、物流中心安全保卫部职责

（1）在总经理领导下，负责物流中心人、财、物的安全保卫工作。

（2）负责物流中心的治安工作以及保安队的领导和管理；负责进入中心的首长及贵宾的警卫工作；负责外来人员的登记管理；负责物流中心门前摊贩清理工作；协助公安人员侦破案件，确保物流中心内各项工作正常运行。

（3）负责物流中心的消防工作，组织义务消防队，管理消防器材。

（4）负责管理物流中心机动车、非机动车，确保交通安全。

（5）办理员工申请出境审查手续。

（6）协助武装部做好兵役法的宣传和征兵、民兵训练工作。

（7）做好雨季防汛工作。

（8）协同劳动人事部做好员工安全教育和专业人员的培训工作。

（9）负责安全保卫的统计工作。

（10）建立健全有关治安、保卫、消防的规章制度和实施细则。

（11）接待和办理有关治安保卫的外调和信访工作。

（12）办理物流中心党委、总经理及上级有关部门交办的其他有关安全保卫工作。

二、保安部经理职责和权限

1. 职责

（1）根据"预防为主"的保卫工作方针，在物流中心内开展以"四防"（即防火、防盗、防特、防治安灾害事故）为中心的安全教育和法制教育。

（2）贯彻安全工作"谁主管，谁负责"的原则，协助物流中心各部门把安全工作的要求列入各项工作的岗位责任制之中。

（3）认真贯彻执行安全保卫工作的方针政策和有关法律规章，建立、健全各项安全保卫制度，督促检查各项制度的执行。

（4）贯彻"预防为主，防消结合"的方针，在物流中心防火委员会领导下，掌管物流中心的防火系统，组织和领导义务消防队，预防火灾的发生。

（5）以物流中心要害部位为重点，加强安全管理，严密防范措施，加强门卫、巡逻和公共场所的安全控制工作，预防各类案件的发生。

（6）调查物流中心内发生的治安事故和顾客有关安全方面的投诉，并做出妥善处理。

（7）配合公安机关、国家安全局以及其他执法机关对违法犯罪行为调查取证。

（8）负责实施对物流中心内被依法判处管制、剥夺政治权利、缓刑、假释、监外执行人员，以及被监视居住和取保候审的人员的监督和考察。

（9）执行和完成物流中心总经理、上级公安机关主管业务部门交办的有关安全工作方面的任务。

（10）负责保卫部员工的选拔、聘用、教育、培训、考核、奖惩等管理工作。

2. 权限

（1）有保卫部工作及其人员的管理权，包括计划安排、力量组合和分工、下达指令、检查执行情况、奖金分配、考勤考绩，对本部门员工的晋升、晋级、奖惩有建议权。

（2）有物流中心安全工作的检查督促权。包括对物流中心各部门贯彻物流中心安全计划执行情况的监督检查，物流中心职工岗位责任制中有关安全责任执行情况的监督检查，以及对其他可能危及物流中心安全的人和物进行检查，发现问题，有权采取应急措施和提出进一步处理建议。

（3）对发生在物流中心内的一般治安案件和刑事案件，有协助公安机关开展调查取证权，以及查清后报请公安机关惩处权。

（4）对发生在物流中心内的违反治安管理行为，有调查取证和提出治安处罚的建议权。

（5）对顾客在安全方面的投诉和职工在安全方面违反物流中心规章的行为有调查权。

（6）对物流中心内应予监督考察人员和刑事案件被告人，有依法执行监管权。

（7）公安机关主管业务部门授予的其他职权。

三、物流中心消防管理制度

（1）总台报警显示箱由总台当班服务员 24 小时值班，如听到铃响报警，应立即通知保卫部、工程部值班员，迅速到报警楼层检查。

（2）如发生火灾，值班员应立即将楼层总电门关闭，切断电源，防止爆燃。情况紧急时，应边抢救灭火边报办公室和打消防火警电话。报警时要准确清楚地说明地点、报警人姓名及联系电话，待消防队把情况听清楚后才可放下电话筒，同时报警人要到路口、通道接应消防车赴现场救火。

（3）各部门员工知道仓库失火后，应及时赶到失火现场参加扑救，准备灭火的消火栓或立即使用消火栓灭火。有领导在场由领导指挥，如领导不在时则由在场员工商量决定果断采取措施，立即进行灭火和营救工作。

（4）如发现着火，知情不报或不坚守岗位，离开现场临阵脱逃者，按其情况严重程度给予行政处分，并追究其责任。

（5）进行消防知识、灭火器具和设备操作学习培训。每月检查一次消防设备、地下消火栓和消防水泵，保证设备完整、灵活好用。

四、仓库安全管理制度

（1）严格执行物流中心安全保卫各项规章制度。仓库安全工作要贯彻预防为主的方针，做好防火、防盗、防汛、防工伤事故的各项工作。

（2）本着谁主管谁负责、宣传教育在前的原则，坚持部门安全责任制。建立健全各级安全组织，做到制度上墙、责任到人，逐级把关，不留死角。

（3）库区按规定配备各种消防器材和工具，不得私自挪用。

（4）各种生活用危险品和车辆、油料、易燃品严禁进入库区。

（5）仓库区域内严禁烟火和明火作业，确因工作需要动用明火，按安全保卫有关规定执行。

（6）加强用电管理。建立班前班后检查记录制度，做好交接班检查记录。

（7）加强对库房门、窗、锁的管理，出现问题及时向有关部门汇报，及时采取措施。末班人员下班后，将钥匙交到保卫部门方可离去。

（8）做好来宾登记工作，严禁夜间留宿。特殊情况须报中心保卫部备案。

若因违反以上各款规定而造成商品损失，按物流中心有关规定处理。

五、仓库防火制度

（1）仓库内的物品要分类储放，保证主通道有一定的距离。货物与墙、灯、房顶之间保持安全距离。

（2）仓库内的照明限60瓦以下白炽灯，不准用碘钨灯，不准用可燃物做灯罩，化工仓库的照明灯具设防爆装置，不准在仓库内使用电熨斗、电炉、交流电收音机、电视机等电器设备。仓库内要保持通风。各类物品要标明性能名称。

（3）仓库的总电源开关要设在门口外面，要有防雨、防潮保护，每年对电线进行一次全面检查，发现可能引起打火、短路、发热和绝缘不良等情况，必须及时维修。

（4）物品入库时要防止夹带火种，潮湿的物品不准入库。物品入库半小时后，值班人员要巡查一次安全情况，发现问题及时报告。物品堆积时间较长时要翻堆清仓，防止物品积热产生自燃。

六、仓库消防安全管理

仓库防火工作要突出重点，依法办事。根据企业法人是安全第一责任人的规定，仓库要按照"谁主管谁负责"的原则，成立防火安全委员会（领导小组），全面负责仓库的消防安全工作。

1. 仓库消防安全工作及防火措施重点

（1）消防安全工作重点。

①建立以岗位责任制为中心的三级防火责任制，把防火安全工作具体落实到各级组织和责任人。

②建立健全各项安全管理制度和操作规程。

③进行安全生产教育，做到职工考核合格持证上岗。

④根据仓库规模，组建专职和义务消防组织，承担职责范围内的消防工作。

⑤开展安全检查，落实验收整改措施，消除事故隐患。

⑥及时处理安全事故，做到"三不放过"。

（2）仓库的防火措施。

按照公安部《仓库防火安全管理规则》的规定，仓库保管员应当熟悉储存物品的分类、性质、保管业务知识和防火安全制度，掌握消防器材的操作使用和维护保养方法，做好本岗位的防火工作。

对仓库新职工应当进行仓储业务和消防知识的培训，经考试合格方可上岗作业。

公安部制定的这项规则还对商品的储存和装卸过程、电器管理和火源管理等有许多具体的防火规定，仓储部门要认真贯彻执行。

预防火灾是一项系统工程，涉及仓库工作的方方面面。仓库应在组织领导、建筑设计、电器设备的安装使用、商品的储运、装卸搬运、堆码改装、车辆运行、火源控制、库内外环境、报警及灭火方式选择、职工教育培训等方面进行综合治理和部署，采取有效的防火措施，才能防患于未然。

2. 消防设施和器材配置

仓库应当按照国家有关消防技术规范设置、配备消防设施和器材。消防设施包括水塔、水泵、水池、消防供水管道、消火栓、消防车和消防泵等；消防器材主要是各种类型的灭火器、沙箱、大小水桶、斧、钩、锨等。这些设施与器材应当由专人管理，负责检查、维修、保养、更换和添置，保证其完好有效。消防设施和器材严禁圈占、埋压和挪用。

消防器材应当设置在明显和便于取用的地点，周围不准堆放物品和杂物。库区的消防车道和仓库的安全出口、疏散楼梯等消防通道也严禁堆放物品。

仓库应当根据商品性质，正确选用适当的灭火剂、消防器材和扑救方法，以便有效地防止火灾事故的扩大和蔓延。常用的灭火剂和消防器材有以下几种：

（1）水。

水是仓库消防的主要灭火剂。水在灭火时有显著的冷却和窒息作用，能使某些物质的分解反应趋于缓和，并能降低某些爆炸物品的爆炸能力。当水形成柱状时，其冲击力能破坏燃烧结构，把火扑灭。水还可以冷却附近其他易燃物质，防止火势蔓延。但是水能导电，电气装备着火不能用水来浇灭。水更不能用于对水有剧烈反应的化学危险品着火的浇灭，也不能用于比水轻、溶于水的易燃流体的着火。

（2）沙土。

沙土是一种廉价的灭火物质。沙土能起窒息作用，覆盖在燃烧物上可隔绝空气，从而使火熄灭。沙土可以扑救酸碱性物质的火灾和过氧化剂及遇水燃烧的流体和化学危险品的火灾。但要注意爆炸物品不可用沙土扑救，而要用冷却法，即用旧棉被或旧麻袋用水浸湿覆盖在燃烧物上。

（3）灭火器。

灭火器是一种轻便、易用的消防器材，其种类较多，如泡沫灭火器、二氧化碳灭火器、"1211"灭火器和干粉灭火器等。

①泡沫灭火器适宜于扑救汽油、煤油、柴油、苯、香蕉水、松香水等易燃流体的火灾，在扑救电气火灾时，应先切断电源。提取灭火器时要注意筒身不宜过度倾斜。

②二氧化碳灭火器对扑灭电气、精密仪器、电子设备、珍贵文件、油类小范围等发生的火灾最适宜，但不宜用于金属钾、钠、镁等的火灾。

③"1211"灭火器适用于扑灭油类、有机溶剂、精密仪器等火灾。它的绝缘性能好，灭火时不污损物品，灭火后不留痕迹，并有灭火效率高、速度快的优点。

④干粉灭火器具有无毒、无腐蚀、灭火速度快的优点，适用于扑灭油类、可燃气体、电气设备等的火灾。

3. 扑灭火灾的方法

火的产生有三个必备条件：

第一，要有可燃物质，如火柴、草料、棉花、纸张、油品等。

第二，要有助燃物质，一般指空气中的氧和氧化剂。

第三，要有火源，凡能引起可燃物质燃烧的热能源都叫火源，如明火、电气火、摩擦冲击产生的火花、静电产生的火花、雷电产生的火花、化学反应（包括商品本身自燃、遇水燃烧和与性能相抵触的物质接触起火）等。

以上三个条件必须同时具备，并互相结合，相互作用，燃烧才能发生。因此防火和灭火的基本原理和一切防火措施都是为了破坏已经产生的燃烧条件，即主要采取隔离、窒息、冷却的办法，除掉由于三个条件造成燃烧的任何一个条件，使火熄灭。

（1）冷却法。

冷却法就是把燃烧物的温度降低到其燃烧点以下，使之不能燃烧。如水、酸碱灭火器、二氧化碳灭火器等，均有一定的冷却作用。

（2）窒息法。

窒息法就是使燃烧物与氧气隔绝，使火窒息。如沙土、湿棉被、四氯化碳灭火器、泡沫灭火器等，都是运用窒息原理灭火的。

（3）拆移法。

拆移法又叫隔离法，即搬开、拆除可燃烧的东西，使火不能蔓延。

（4）遮断法。

遮断法就是将浸湿的麻袋、旧棉被等物遮盖在火场附近的其他易燃物和未燃物上，防止火势蔓延。

（5）分散法。

分散法就是将集中的物资迅速分散，孤立火源，一般用于露天仓库，库内也可以采用。

4. 化工危险品火灾的扑救

①爆炸品引起的火灾主要用水扑救，氧化剂起火大多数可用雾状水扑救，也可以分别用二氧化碳灭火器、泡沫灭火器和沙土扑救。

②易燃液体着火用泡沫灭火器最有效，也可用干粉灭火器、二氧化碳灭火器和沙土扑救。由于绝大多数易燃液体都比水轻，且不溶于水，故不能用水扑救。

③易燃固体着火一般可用水、沙土和泡沫灭火器、二氧化碳灭火器等扑灭。

④毒害性物品失火，一般可用大量水扑救，液体有毒的宜用雾状水或沙土、二氧化碳灭火器扑救。但氰化物着火绝不能使用酸碱灭火器和泡沫灭火器，因为酸与氰化物作用能产生剧毒氰化氢气体，危害性极大。

⑤腐蚀性商品中，碱类和酸类水溶液着火可用雾状水扑救，但遇水分解的多卤化合物、氯磺酸、发烟硫酸等着火绝不能用水扑救，只能用二氧化碳灭火器施救，有的也可用干沙土扑灭。遇水燃烧的商品只能使用干沙土和二氧化碳灭火器灭火。

⑥自燃性商品起火，可用大量水或其他灭火器材。

⑦压缩气体起火，可用沙土、二氧化碳灭火器、泡沫灭火器扑灭。

⑧放射性物品着火，可用大量水或其他灭火剂扑灭。

七、安全保卫管理制度

第一条　安全保卫工作特指物流中心办公区域内的防盗、防火及其他保护物流中心利益的工作。

第二条　行政管理部负责物流中心办公区域的安全保卫工作，办公时间（上午8：30～下午17：30）由前台秘书负责来宾的接待引见工作，非办公时间（17：30～次日8：30及节假日）由行政管理部指定专人负责办公区域的安全保卫工作。

第三条　物流中心设置门禁管理系统，非办公时间职员应使用门禁卡进入办公区域。职员应妥善保管门禁卡。

第四条　物流中心实施节假日值班制度，由行政管理部负责每月的值班安排和监督工作。值班人员必须按时到岗，并认真履行值班职责，检查各部门对各项安全制度、安全操作规程是否落实。

第五条　行政管理部夜间值班人员负责每日的开门和锁门，每天晚上值班人员在锁门前必须认真检查办公区域内的门窗是否锁好，电源是否切断，保证无任何安全隐患。

第六条　办公区域内的门锁钥匙由行政管理部专人负责保管，并每日早晚按时将办公室的门打开、锁好。职员不得随意配置门锁钥匙。计划财务中心的钥匙由本部门保管。

第七条　物流中心职员应妥善保管印章、钱款、贵重物品、重要文件等，下班前将抽屉及文件柜锁好，切断电源后方可离开。

第八条　物流中心行政管理部负责组织有关人员不定期地对物流中心办公区域的安全实施监督检查。如有安全隐患，相应部门要及时整改。

第九条　物流中心所属办公区域的门锁钥匙启用前应在行政管理部备份一套，行政管理部须妥善保管，以备急需时使用。

第十条　物流中心物品运出办公区域须填写出门证，经有关领导批准后方可搬离。

八、安全防范工作规定

第一条　安全保卫承包责任制要以各部室、各分公司为单位全面实行。各分公司要落实到班组，责任到人，签订承包合同，明确职责，落实奖惩。

第二条　各通信要害部门一律安排警卫人员守卫，并认真贯彻落实《通信要害管理规定》。

第三条　落实大厦及部门值班巡逻措施。存放现金在 10 万元以上的库房，要由两个或两个以上专职人员同时值守。

第四条　重点部位一律实行"四铁两器"。重点部位是指生产要害部位，包括机房、电脑机房、营业厅、财务部、存放 1 万元以上现款的部位、存放秘密文件和图纸资料的档案室、存放贵重物品或枪支弹药的库房及其他应该切实保障安全的部位。

"四铁两器"是指铁门、铁窗、营业柜台护栏、保险柜及灭火器、报警器（包括营业厅防抢报警铃）。

第五条　落实现金提送的有关规定。现金在 1 万元以上且运送距离在 500 米以上的，要用机动车提送款；现金在 1 万元以上，但距离在 500 米以下，或 1 万元以下的提送款，须 2 人以上同行押送。

第六条　存放现金 10 万元以上的场所，要设立具备较高防火、防爆、防盗、防抢性能的金库，并要落实安全管理制度与措施。

九、防盗工作管理规定

第一条　经常对物流中心员工进行法制教育，增强员工的法治意识。

第二条　制订各种具体的安全防范规定，加强日常管理，不给犯罪分子以可乘之机。具体规定主要有：

（1）办公室钥匙管理规定。

（2）收银管理规定。

（3）会客制度。

（4）财物安全管理规定。

（5）货仓管理规定。

（6）更衣室安全管理规定。

（7）员工宿舍管理规定。

第三条　在物流中心易发生盗窃案件的部位装置监控器、防盗报警器等安全防范设备。

第四条　积极配合人事部做好员工的思想品德教育考察工作，以保证员工队伍的纯洁。如发现有不适合某岗位的人员，应按有关规定进行调换或辞退。

第五条　保安部人员要加强日常巡查工作，发现可疑的人和事要及时报告。

十、物流中心重点部位安全管理

物流中心内重点部位为存放现金、票证、贵重商品（物品）的部位。其重点管理为：

（1）重点部位经营人和行政负责人为重点部位安全管理责任人，责任人应与物流中心安全保卫部签订责任书。

（2）重点部位工作人员必须廉洁奉公，遵纪守法，严格遵守物流中心财经制度和物品管理制度。坚持现金、票证当日"回笼"。指定专人负责支票的使用和保管。支票印鉴须单独放入保险柜，不得与财务章及其他印章存放在一起。保险柜必须拨乱密码，钥匙按规定数量配置并由专人保管，且必须随身携带，不得随意放置或存放在办公地点。下班后开启保险柜报警装置。使用保险柜人员调离岗位后应及时更换密码。

（3）各单位在领用支票时，必须建账登记，将单位名称、日期、用途、金额等内容填写齐全，存根留底。对未用掉的支票，应于当日交回财会室（财审部）。加强对支票的管理，一旦丢失，应积极查找，迅速办理挂失手续，并及时报安全保卫部备案。填写支票时，内容必须真实准确，字迹清晰，不得随意涂改支票。

（4）领用发票要建账登记，由专人保管，填写发票时要内容齐全，本人签全名，不得为他人提供假发票。

（5）在收受顾客支票、汇票时，须验明本人身份证，并登记身份证号码和电话号码。在核实对方确切身份后，坚持做到：本市3天付货，远郊县5天付货。顾客备车提货时，须登记车辆号码。

（6）物流中心各部门员工工资、奖金和其他现款，必须指定专人负责领取发放。

（7）物流中心贵重商品（物品）的登记手续必须齐全，做到账物相符，定点存放。应设专用库房，专人负责保管。

（8）物流中心重点部位要门窗牢固，安装防盗设施和设备。

（9）物流中心重点部位的安全防范工作必须做到职责明确，制度落实。坚持各入口检查，各部门随时查，安全保卫部一周一查，每月一次大检查，每季测验一次，检查时要做好记录，发现隐患及时整改。

（10）必须配备专车到银行存取现金、交送营业款，并由安全保卫部派人护送。

（11）因重点部位工作人员不负责任出现差错造成损失者，一律由经管人负责赔偿（现金、票证、物品等）。造成重大损失者要追究其刑事责任。

十一、安全检查制度

为贯彻、实施物流中心各项安全制度，对物流中心实行"三级"安全检查制。

（1）物流中心的安全大检查由中心治安消防委员会领导，责成安全保卫部具体组织实施。

（2）物流中心安全大检查要求每季度进行一次，由中心安全委员会成员、保卫人员及物流中心的负责人组成安全检查组，重点检查各项安全制度、防火制度及有关措施的执行情况。

（3）对检查出的问题责成有关单位或部门限期解决。

（4）由主管安全的经理、部长组织各级安全责任人，每月对物流中心各部门进行一次全面安全检查，发现问题及时解决，并做好安全检查记录。一时难以解决的较大隐患，要写出书面报告，上报中心安全委员会。

（5）各营业部门及安全值班人员负责本区域的班前班后安全检查，发现隐患及时排除，并做好记录，解决不了的问题及时上报安全保卫部。

（6）重大节日前要对物流中心进行全面安全检查，各级主管领导必须亲临现场指导。

（7）除按期进行"三级检查"外，安全保卫部要按分工对中心各部位的治安防范、安全防火情况进行经常性的抽查，填写安全检查记录，发现隐患要督促有关部门及时解决。

十二、安全考核与奖惩制度

物流中心安全保卫部工作由物流中心治安消防委员会进行监督考核，实施奖惩。物流中心发生安全事故由安委会承担领导责任，主管经理、安全保卫部部长承担主要领导责任。

物流中心各部门的安全保卫工作由安全保卫部负责考核。

（1）凡认真贯彻各项安全保卫制度，全年实现"四无、三坚持"（无火警火灾、无各类案件、无职工违法犯罪、无民事纠纷；坚持开展普法教育、坚持检查记录、坚持法制宣传教育）的部门，年终方可参加中心先进集体的评比。

（2）凡认真贯彻执行物流中心各项安全保卫制度，符合下列条件之一的，给予表彰、奖励或记功晋级。

①及时发现、防止各类案件和治安事故发生或在抢险救灾中有立功表现者。

②热爱治安消防工作，一贯忠于职守，并做出一定贡献者。

③检举、揭发、制止违法犯罪活动，提供重要线索，协助侦破案件有功或抓获违法犯罪分子者。

（3）凡违反物流中心规章制度，有下列行为者给予单位或当事人经济处罚，（单位罚金 1000～5000 元，个人 500 元），触犯刑律的移交司法部门追究刑事责任。

①重点部位发现不安全隐患，经物流中心安全保卫部指出而不整改的。

②重点部位未指定责任人，或责任人未与安全保卫部签订责任书的（追究双方责任）。

③重点部位没有具体安全措施的。

④在本中心内禁火区或防火重点部位及非吸烟区吸烟，在吸烟区将烟头、火柴杆、烟灰扔在地上的。

⑤未经批准，违章明火作业者。

⑥占压消火栓，损坏、挪用消防器材，在消防通道上堆放物品，经通知不及时清除的。

⑦所在部门发生火险、火灾或其他治安事故的。

⑧违反物流中心现金管理制度，查出现金未进保险柜或保险柜未锁的。

⑨职工违法受到公安机关行政拘留、治安裁决的。

⑩参与赌博者。

⑪知情不举、包庇违法犯罪分子，对发生的案件和治安事故隐瞒不报的。

⑫治安消防干部不能尽职尽责的。

⑬不支持安全检查，不填写检查记录的。

十三、电视监控岗位职责与设备管理

1. 电视监控人员岗位职责

（1）密切注意屏幕情况，发现可疑情况，立即定点录像，并做好记录，及时报告管理员。

（2）录像机换带必须按组别、顺序进行，不能搞乱，并做好登记工作。

（3）交接班时，交班人应将当班时发现或需注意的情况告诉接班人；接班人应检查设备的工作和清洁情况，以保证设备一直处于良好的工作状态。

（4）熟练掌握监视设备系统的操作规程，严格按照规程操作，发现监视设备异常、故障，应立即报告当班管理员，不得擅自处理。

（5）做好机房的卫生、钥匙领还以及对讲机充电等工作，对安全部经理和管理员交办的任务，在本职范围内认真完成。

（6）未经批准，非值班人员不准进入机房要地。

2. 电视监控系统设备管理

（1）营业大厅。物流中心大厅是顾客集散的重要场所，一般要安装大角度旋转的摄像机，并在大厅转门和厅外广场分别安装固定视角的摄像机，以确保客流情况的控制。

（2）财物集聚部门。物流中心财物集聚的地方是总银箱、贵重物品专柜、仓库等。这些地方容易发生盗窃，安装摄像机可及时发现危害财物安全的情况。

（3）公共娱乐场所。如物流中心的娱乐场所，应安装摄像机控制治安事件的发生。

十四、警卫勤务规范细则

警卫人员是物流中心企业形象的重要表现之一。为提高服务质量及企业形象，特制定本细则。

（1）物流中心警卫系统设班长 1 人、组长 3 人，以为警卫人员的督导考核。

（2）物流中心警卫人员值勤时间，以每月公布的排班表为上班依据。若有特殊需要，可临时派遣警卫人员支援，以为备勤。

（3）备勤人员得随时准备支援值勤警卫应付各种突发事故，遇值勤警卫要求紧急支援或协助时，不得借故推诿或拒绝。

（4）警卫人员值勤时，须穿着公司规定的制服，佩戴员工识别证，戴帽子、扎腰带、打领带，仪容应端庄整洁，态度应和蔼亲切。严禁下列情形发生：

①上班时间聚众聊天、嬉戏、赌博、下棋、看小说、书写信件、听音乐、吃零食、喝酒、打瞌睡或擅离工作岗位。

②值勤时仪容不整，着汗衫、短裤、背心或拖鞋。

③暴行犯上，不服从上级指挥。

④对员工、来宾言语或行为轻浮、下流、粗暴无礼。

⑤向员工、来宾或送货者索取好处及贪小便宜。

⑥对员工或来宾、厂商故意刁难或挟怨报复。

⑦值勤时间电话及对讲机私用，影响勤务。

⑧非警卫及相关人员进入警卫室。

⑨未经许可，擅自调班。

（5）警卫班长工作职责：

①负责管理全班警卫人员，督导训练与考核。

②负责中心各个区域的安全管理，检查警报系统和消防设施的维护与保养。

③督导检查各班的值勤，夜间查岗查哨。

查岗事项如下：坚持不定时检查警卫值班点，及时纠正警卫人员的违纪行为；查岗查哨的时间、次数可自行安排，可采用全检查或抽查的方式，督促值班警卫人员加强巡视中心的各个区域；在查勤时发现场内值班人员脱岗、瞌睡、看书看报、写私人信件者，要记下其姓名于次日报主管处理，严禁徇私舞弊；每日查勤情况要详细记录，每周汇总送物流中心总务部主管审批；认真监督警卫人员的工作品质，随时检查其对应办事项的执行情况；按时检查警卫日志（即当日），发现异常情况及时处理。

④处理夜间突发事件，如遇火灾偷盗应迅速与治安部门联系，如有紧急病人安排车辆送往医院，并及时报告主管。

⑤负责发放清洁用品及用具。

⑥协助对火灾、人身等事故做调查，每月统计上报。

⑦配合宿舍管理员处理宿舍有关事项。

⑧完成上级临时交办的事项。

（6）警卫组长工作职责：

①警卫组长与警员一样轮流值日，履行警卫人员工作职责。

②负责对本组警卫人员的管理、督导训练与考核。

③负责对本组警卫人员值日状况的监督。

④负责当班厂内及宿舍的安全管理。

⑤处理当班突发事件，如遇火灾、偷盗等立即报警，并迅速与消防队、治安等部门联系。

⑥负责当班工作的协调、组织、联络和事件处理。

⑦对当班发生的需要注意的重要事项要向下一班组长交代清楚。

⑧完成上级临时交办的事项。

（7）警卫人员工作职责及注意事项：

①要维护物流中心人员及物资的安全，预防各种灾害、事故的发生。

②加强对物流中心各大门的管理，严格执行门禁制度。

③加强对外来车辆进出厂的检查、登记以及对出厂物资的核对验证。

④加强对物流中心水、电设备的维护与管理，发现漏水、漏电等现象应立即排除，或通知相关人员处理。

⑤监督员工上下班打卡，如发现有替别人打卡者，应将其工号记下报物流中心人事部门处理。

⑥负责每日信件书报的收发工作，来信一律放在规定位置，挂号信件及电报须进行登记，由本人签名领取，书报必须由各部门相关人员签名领取。

⑦巡视物流中心四周，清扫警卫室卫生，监督员工是否乱丢废物，如发现乱丢废物者，记下姓名（工号）报物流中心人事部门处理。

⑧监督员工穿工衣、戴职别证进出物流中心，违者记其姓名（工号）报物流中心人事部门处理。

⑨夜间值班要不定时巡逻厂区，按时签卡。

⑩注意仪容仪表，按规定穿制服、打领带、扎腰带、戴帽子。

⑪在接待来访人员时，须讲究礼貌，热情接待，并进行登记，发给来宾证。

⑫值班时间须全神贯注，按照规定完成本职工作。

⑬未经主管许可，不得擅自调班或休假，要调班者应提前3天提出申请，经核准后方可调班。

⑭值班时，至少应提前 10 分钟主动至警卫室接班，不可等待交班警卫催喊，或借故延迟接班时间。

⑮值班警卫下班须完成的交接事项：上级规定或指示的事项；进入中心的宾客或工作人员尚未办妥的事项；送货或寄存物品须交班转交者；物流中心内外可疑征候须注意监视或警觉者；公用物品清点事项。

⑯值班时，严禁上班员工外出或回宿舍。因公办事必须有"外出单"，并经警卫部门主管核准，否则警卫人员要加以阻止；强行外出者，记下其姓名（工号）报有关部门处理。

⑰阻止闲杂人员进入警卫室。公访人员在警卫室就座，不得随地吐痰、乱丢废物和烟头，此事当班人要提前说明。

⑱接待公访、私访人员时，要注意检查证件与登记，无证者拒绝来访。对来访者的证件要妥善保管，不得遗失或发错。

⑲对来访者所带的行李、包裹要严格检查。

⑳夜间值班时，要注意电话转接，不能及时交办的要详细记录，以便次日报告。

㉑注意中心车辆动向，外出车辆必须有派车单，并经部门主管核准，特殊情况下，经理或公干用车来不及开派车单，则必须有用车主管的电话方可放行。严格登记中心车辆往返时间，及时汇报总务部。

㉒如遇突发事件，要及时处理。重大事件要以突发事件处理程序尽快通知相关人员，不得拖延或乱报。

㉓值班时，除完成正常值班任务外，尚须接受其他临时性或上级规定的勤务派遣，一旦受命，不得拒绝。

㉔除遇特殊紧急事项外，平时不得越级上报。

㉕不得监守自盗，营私舞弊，或假公济私等，若有违法行为，将依法究办。

㉖同事之间要相互尊重、真诚团结，遇困难应同心协力互相帮助，充分发挥情感道义精神，绝不允许彼此各存私心，相互攻击与中伤，致使工作无法开展。

㉗在公司服务期间应以高度的热情完成上级交付的任务，公私分明，服从领

导，严禁暴行犯上行为。

物流中心的警卫人员应严格遵照执行本细则。

十五、卫生管理制度

1. 卫生管理目的

为确保物流中心员工与顾客的身体健康，提高工作质量和服务质量，使卫生工作制度化，应加强卫生管理。在物流中心爱卫会领导下，卫生管理工作由行政部统一负责。

2. 卫生要求

（1）车场（包括门前三包地段）要保持清洁，各种车辆按规定地点停放整齐。

（2）保持物流中心内走廊、公厕的清洁，做到清洁、无异味。

（3）保持内部厕所、浴室、理发室及其他公共场所洁净、无蚊蝇。

（4）各部门办公室内要保持整齐，窗明几净，室内垃圾不得扫出门外。

（5）垃圾分类倒入指定地点，不得倒在垃圾道或垃圾桶外。倒完垃圾要及时盖好桶盖。

（6）爱护和正确使用厕所设备。便后要冲水，卫生巾、手纸等要扔入纸篓内。严禁将茶根、杂物倒入洗手池。

3. 卫生工作责任

（1）各部室和商店的办公室、库房、食堂等场所，由在其间工作的员工负责打扫，做到日扫日清，定期大扫除。

（2）公共卫生区域由保洁员清扫，实行卫生质量、费用承包管理。

4. 卫生工作检查

（1）物流中心行政部设卫生管理员，负责卫生检查工作。

（2）物流中心每半年组织一次卫生大检查，此外重大节日（春节、五一、国庆）前也要进行检查，并对卫生工作做出讲评。

（3）行政部每周检查一次，根据情况随时抽查，发现问题限时解决。

（4）化验员对有关部门每周抽样化验两次，并写出详细报告。

第二节　物流安保及卫生管理表格

十六、上班清洁自查表

自查期间：　　　　　　　　　　月　日至　月　日

工作项目	周日	周一	周二	周三	周四	周五	周六
1. 擦拭店内玻璃及镜面							
2. 擦拭灯罩内、外侧							
3. 擦拭画框及镜面							
4. 整理废物箱							
5. 保养花木，浇水、擦叶及剪黄叶							
6. 擦拭花盆及盆座							
7. 擦拭铜条							
8. 擦拭所有木制家具							
9. 清洁大门口、楼梯、地毯及人行道							
10. 清洁沙发、墙缝或窗缝							
11. 扫地、拖地及清理垃圾							
当班经理签名/日期							

十七、卫生区域计划表

月　日至　月　日

部门	区域				
	仓库	走道	空地	厂外环境	水沟
清洁说明					

十八、清洁工作安排表

___月___日至___月___日　　　　　　　　　　　页次___

姓名	
日期	
清洁项目	
考核	
日期	
清洁项目	
考核	

第十章 物流合同样本

一、北京市保管合同

北京市保管合同

合同编号：＿＿＿＿＿＿＿＿

保管人：＿＿＿＿＿＿ 签订地点：＿＿＿＿＿＿

寄存人：＿＿＿＿＿＿ 签订时间：＿＿＿＿＿＿

第一条 保管物（注：空格如不够用，可以另接）

保管物名称、性质、数量、价值、瑕疵、保管费、合计人民币金额（大写）：＿＿＿＿＿元，￥：＿＿＿＿＿＿元。

第二条 保管场所：＿＿＿＿＿＿＿＿＿。

第三条 保管方法：＿＿＿＿＿＿＿＿＿。

第四条 保管物（是/否）需要采取特殊保管措施。特殊保管措施是：

＿＿＿＿＿＿＿＿＿＿＿＿＿＿＿＿＿＿＿＿＿＿＿＿＿＿＿＿＿＿＿＿＿。

第五条 保管物中（是/否）有货币、有价证券或者其他贵重物品，具体如下：

＿＿＿＿＿＿＿＿＿＿＿＿＿＿＿＿＿＿＿＿＿＿＿＿＿＿＿＿＿＿＿＿＿。

第六条 保管期限自＿＿＿＿＿年＿＿月＿＿日至＿＿＿＿＿年＿＿月＿＿日止。

第七条　寄存人交付保管物时，保管人应当验收，并给付保管凭证。

第八条　寄存人（是/否）允许保管人将保管物转交他人保管。

第九条　寄存人（是/否）允许保管人使用或者（是/否）允许保管人许可第三人使用保管物。

第十条　保管费的支付方式与时间：＿＿＿＿＿＿＿＿。

第十一条　寄存人未向保管人支付保管费用的，保管人（是/否）可以留置保管物。

第十二条　保管期限届满，保管人应当将保管物及孳息归还寄存人。

第十三条　保管人违约责任：＿＿＿＿＿＿＿＿。

寄存人违约责任：＿＿＿＿＿＿＿＿。

第十四条　合同争议的解决方式：本合同项下发生的争议，由双方当事人协商解决或申请调解解决；协商或调解不成的，按下列第＿＿＿＿＿种方式解决：（只能选择一种）

（一）提交＿＿＿＿＿仲裁委员会仲裁；

（二）依法向＿＿＿＿＿人民法院起诉。

第十五条　本合同自保管物（交付/＿＿＿＿＿＿＿）时成立。

第十六条　其他约定事项：＿＿＿＿＿＿＿＿。

保管人（章）：＿＿＿＿＿＿＿　　　　住　　　所：＿＿＿＿＿＿＿

营业执照号码：＿＿＿＿＿＿　　　　身份证号：＿＿＿＿＿＿＿

法定代表人：＿＿＿＿＿＿＿　　　　委托代理人：＿＿＿＿＿＿

电　　　话：＿＿＿＿＿＿＿　　　　传　　　真：＿＿＿＿＿＿

开户银行：＿＿＿＿＿＿＿　　　　账　　　号：＿＿＿＿＿＿

税　　　号：＿＿＿＿＿＿＿　　　　邮政编码：＿＿＿＿＿＿＿

寄存人（章）：＿＿＿＿＿＿＿　　　　住　　　所：＿＿＿＿＿＿＿

营业执照号码：＿＿＿＿＿＿　　　　身份证号：＿＿＿＿＿＿＿

法定代表人：_____　　　委托代理人：_____

电　　话：_____　　　传　　真：_____

开户银行：_____　　　账　　号：_____

税　　号：_____　　　邮政编码：_____

二、车辆年（月、季）保管协议

车辆年（月、季）保管协议

协议编号：_____

甲方（车主或被保管方）：_____

乙方（保管方）：_____

经甲、乙双方协商同意，达成如下协议，共同遵守。

第一条　甲方将其所有的汽车交由乙方保管。保管时间为_____年____月____日至_____年____月____日。

第二条　甲方所有的汽车停放在停车场的车位为_____号。

第三条　甲方所有汽车的品牌是____，型号为____，车辆号为____，汽车购买时间为____年____月____日，汽车行走里程为____公里。

第四条　甲方应将其停放在停车场的车辆上好保险销（杆）。

第五条　乙方承担对甲方车辆的保管义务。

第六条　甲方支付的车辆保管费为：每年_____元，每半年初 3 天内交一次。

第七条　甲方如在应交保管费____天内未交清车辆保管费，合同终止，乙方不承担保管责任。

第八条　乙方应对甲方的车辆进行如下保管：

1. _____。

2. _____。

第九条 乙方对甲方的车辆的被偷或被损坏承担赔偿义务。

第十条 如遇甲方的车辆出现被偷或被损坏的情况，甲方应在 3 天之内将其购车和上牌、年审等法律文件交由乙方，用于报案、赔偿、索赔、诉讼用，纠纷解决后____天内将上述证件归还给甲方。

第十一条 甲方应保证其车辆为合法途径购买的车辆，否则，乙方不承担损失赔偿责任。

第十二条 甲、乙双方在履行本协议过程中发生争议，由双方协商解决；协商不成的，按本协议约定的下列方法之一进行解决：

1. 由_____仲裁委员会仲裁。

2. 向_____人民法院起诉。

第十三条 本协议一式两份，甲、乙双方各执一份，自签字之日起即时生效，均具有同等法律效力。

甲　方（盖章）：_____　　　　乙　方（盖章）：_____

代表人（签字）：_____　　　　代表人（签字）：_____

电　话：_____　　　　　　　电　话：_____

签约日期：_____年____月____日

签约地点：_____

三、仓储合同

仓储合同

合同编号：_____

保管人：_____　　　　签约地点：_____

存货人：_____　　　　签约时间：_____年____月____日

第一条 仓储物：

品名	品种规格	性质	数量	质量	包装	件数	标记

（注：空格如不够用，可以另接）

第二条 储存场所、储存物占用仓库位置及面积：＿＿＿＿＿＿＿

＿＿＿＿＿＿＿＿＿＿＿＿＿＿＿＿＿＿＿＿＿＿＿＿＿＿＿＿＿。

第三条 仓储物（是/否）有瑕疵。瑕疵是：＿＿＿＿＿＿＿＿＿＿。

第四条 仓储物（是/否）需要采取特殊保管措施。特殊保管措施是：

＿＿＿＿＿＿＿＿＿＿＿＿＿＿＿＿＿＿＿＿＿＿＿＿＿＿＿＿＿

＿＿＿＿＿＿＿＿＿＿＿＿＿＿＿＿＿＿＿＿＿＿＿＿＿＿＿＿＿。

第五条 仓储物入库检验的方法、时间与地点：＿＿＿＿＿＿＿＿

＿＿＿＿＿＿＿＿＿＿＿＿＿＿＿＿＿＿＿＿＿＿＿＿＿＿＿＿＿。

第六条 存货人交付仓储物后，保管人应当给付仓单。

第七条 储存期限：从＿＿＿年＿＿月＿＿日至＿＿＿年＿＿月＿＿日。

第八条 仓储物的损耗标准及计算方法：＿＿＿＿＿＿＿＿＿＿＿

＿＿＿＿＿＿＿＿＿＿＿＿＿＿＿＿＿＿＿＿＿＿＿＿＿＿＿＿＿。

第九条 保管人发现仓储物有变质或损坏的，应及时通知存货人或仓单持有人。

第十条 仓储物（是/否）已办理保险，险种名称：＿＿＿＿＿＿；保险金额：＿＿＿＿＿＿；保险期限：＿＿＿＿＿＿；保险人名称：＿＿＿＿＿＿。

第十一条 仓储物出库检验的方法与时间：＿＿＿＿＿＿＿＿＿＿

＿＿＿＿＿＿＿＿＿＿＿＿＿＿＿＿＿＿＿＿＿＿＿＿＿＿＿＿＿。

第十二条　仓储费（大写）：＿＿＿＿＿＿元。

第十三条　仓储费结算方式与时间：＿＿＿＿＿＿＿＿＿＿＿＿＿＿＿＿。

第十四条　存货人未向保管人支付仓储费用的，保管人（是/否）可以扣留仓储物。

第十五条　违约责任：＿＿＿＿＿＿＿＿＿＿＿＿＿＿＿＿＿＿＿＿。

第十六条　合同争议的解决方式：本合同在履行过程中发生的争议，由双方当事人协商解决，也可由当地工商行政管理部门调解；协商或调解不成的，按下列第＿＿＿＿种方式解决：

（一）提交＿＿＿＿＿＿仲裁委员仲裁。

（二）依法向＿＿＿＿＿＿人民法院起诉。

第十七条　其他约定事项：＿＿＿＿＿＿＿＿＿＿＿＿＿＿＿＿＿＿＿。

存　货　人	保　管　人	
存货人（章）： 住所： 法定代表人： 委托代理人： 电话： 开户银行 账号： 邮政编码：	保管人（章）： 住所： 法定代表人： 委托代理人： 电话： 开户银行： 账号： 邮政编码：	鉴（公）证意见： 鉴（公）证机关（章） 经办人： 年　月　日

　　　　　　监制部门：　　　　　　印制单位：

四、仓储保管合同

仓储保管合同

合同编号：＿＿＿＿＿＿＿＿

存货人：＿＿＿＿＿＿＿＿＿

保管人：＿＿＿＿＿＿＿＿＿

签约地点：＿＿＿＿＿＿＿＿

签约时间：＿＿＿＿年＿＿月＿＿日

根据《中华人民共和国合同法》有关规定，存货人和保管人根据委托储存计划和仓储容量，经双方协商一致，签订本合同。

第一条 储存货物的品名、品种、规格、数量、质量、包装

1. 货物品名：＿＿＿＿＿＿＿＿＿＿＿＿＿＿＿＿＿＿＿＿＿＿＿＿＿。

2. 品种规格：＿＿＿＿＿＿＿＿＿＿＿＿＿＿＿＿＿＿＿＿＿＿＿＿＿。

3. 数量：＿＿＿＿＿＿＿＿＿＿＿＿＿＿＿＿＿＿＿＿＿＿＿＿＿＿＿＿。

4. 质量：＿＿＿＿＿＿＿＿＿＿＿＿＿＿＿＿＿＿＿＿＿＿＿＿＿＿＿＿。

5. 货物包装：＿＿＿＿＿＿＿＿＿＿＿＿＿＿＿＿＿＿＿＿＿＿＿＿＿＿。

第二条 货物验收内容、标准、方法、时间、资料：＿＿＿＿＿＿＿＿＿＿。

第三条 货物保管条件和保管要求：＿＿＿＿＿＿＿＿＿＿＿＿＿＿＿。

第四条 货物放库、出库手续、时间、地点、运输方式：＿＿＿＿＿＿＿。

第五条 货物的损耗标准和损耗处理：＿＿＿＿＿＿＿＿＿＿＿＿＿＿＿。

第六条 计费项目、标准和结算方式：＿＿＿＿＿＿＿＿＿＿＿＿＿＿＿。

第七条 违约责任：＿＿＿＿＿＿＿＿＿＿＿＿＿＿＿＿＿＿＿＿＿＿＿。

1. 保管人的责任

（1）在货物保管期间，未按合同规定的储存条件和保管要求保管货物，造

成货物灭失、短少、变质、污染、损坏的，应承担赔偿责任。

（2）对于危险物品和易腐物品等未按国家和合同规定的要求操作、储存，造成毁损的，应承担赔偿责任。

（3）由于保管人的责任，造成退仓不能入库时，应按合同规定赔偿存货人运费和支付违约金_____元。

（4）由保管方负责发运的货物，不能按期发货，应赔偿存货人逾期交货的损失；错发到货地点，除按合同规定无偿运到规定的到货地点外，并赔偿存货人因此而造成的实际损失。

（5）其他约定责任。

2. 存货人的责任

（1）由于存货人的责任造成退仓不能入库时，存货人应偿付相当于相应保管费_____%（或_____‰）的违约金。超议定储存量储存的，存货人除交纳保管费外，还应向保管人偿付违约金_____元，或按双方协议办理。

（2）易燃、易爆、易渗漏、有毒等危险货物以及易腐、超限等特殊货物，必须在合同中注明，并向保管人提供必要的保管运输技术资料，否则造成的货物毁损、仓库毁损或人身伤亡，由存货人承担赔偿责任直至刑事责任。

（3）货物临近失效期或有异状的，在保管人通知后不及时处理，造成的损失由存货人承担。

（4）未按国家或合同规定的标准和要求对储存货物进行必要的包装，造成货物损坏、变质的，由存货人负责。

（5）存货人已通知出库或合同期已到，由于存货人（含用户）的原因致使货物不能如期出库，存货人除按合同的规定交付保管费外，并应偿付违约金_____元。由于出库凭证或调拨凭证上的差错所造成的损失，由存货人负责。

（6）按合同规定由保管人代运的货物，存货人未按合同规定及时提供包装材料或未按规定期限变更货物的运输方式、到站、接货人，应承担延期的责任和增加的有关费用。

（7）其他约定责任。

第八条　保管期限从_____年___月___日至_____年___月___日止。

第九条　变更和解除合同的期限。由于不可抗力事故，致使直接影响合同的履行或者不能按约定的条件履行时，遇有不可抗力事故的一方，应立即将事故情况电报通知对方，并应在____天内，提供事故详情及合同不能履行、或者部分不能履行、或者需要延期履行的理由及有效证明文件，此项证明文件应由事故发生地区的____机构出具。按照事故对履行合同影响的程度，由双方协商解决是否解除合同，或者部分免除履行合同的责任，或者延期履行合同。

第十条　争议的解决方式：_____。

第十一条　货物商检、验收、包装、保险、运输等其他约定事项：_____。

第十二条　本合同未尽事宜，一律按《中华人民共和国合同法》执行。

存货人（章）：_____　　保管人（章）：_____

地　　　址：_____　　地　　　址：_____

法定代表人：_____　　法定代表人：_____

委托代理人：_____　　委托代理人：_____

电　　　话：_____　　电　　　话：_____

电　　　挂：_____　　电　　　挂：_____

开户银行：_____　　开户银行：_____

账　　　号：_____　　账　　　号：_____

邮政编码：_____　　邮政编码：_____

鉴（公）证意见：

　鉴（公）证机关（章）

　（注：除国家另有规定外，鉴（公）证实行自愿原则）

五、药品仓储质量保证协议

药品仓储质量保证协议

协议编号：＿＿＿＿＿＿＿＿

甲方：＿＿＿＿＿＿＿＿＿＿＿

乙方：＿＿＿＿＿＿＿＿＿＿＿＿＿

甲、乙双方根据《中华人民共和国合同法》的有关规定，为有效发展甲、乙双方各自优势，在平等互利、共同发展的前提下，经双方充分协调一致，签订本协议，共同信守。

第一条　甲方必须对所生产的药品质量负全部责任，并提供给乙方验收时必要的资料，包括：

1. 合法证照。

2. 批准文号。

3. 药品检验报告单。

4. 注册商标。

5. 产品合格证。

6. 质量标准等相关资料。

第二条　甲方应掌握药品的有效期，保证药品进出平衡，乙方应坚持先进先出的原则，对发现有质量问题的药品，由乙方积极向甲方催调，甲方应及时处理临近失效或者有异状的药品。

第三条　甲方必须遵守《专利法》和《药品行政保护条例》有关规定，否则，出现一切民事侵权行为均与乙方无关，所有经济赔偿由甲方承担。

第四条　甲方生产的药品包装、分装及贴签标示等必须符合《药品管理法》及《药品生产质量管理规范》中的各项规定。

第五条 在临床应用中，如发生由于甲方产品质量引起的医疗纠纷，甲方必须派代表迅速到达现场并承担相关全部费用。

第六条 乙方验收甲方药品后，应严格执行《药品经营质量管理规范》，因储存、保管不善出现的药品质量问题，由乙方承担责任。

第七条 本协议生效后，乙方转让费用按付款计划逐年交清，否则，甲方有权按年计划每日加收千分之三的滞纳金。

第八条 变更和解除合同的期限。由于不可抗力事故，致使直接影响协议的履行或者不能按约定的条件履行时，遇有不可抗力事故的一方，应立即将事故情况电报通知对方，并应在____天内，提供事故详情及协议不能履行、或者部分不能履行、或者需要延期履行的理由及有效证明文件，此项证明文件应由事故发生地区的____机构出具。按照事故对履行协议影响的程度，由双方协商解决是否解除协议，或者部分免除履行协议的责任，或者延期履行协议。

第九条 本协议争议的解决方式：本协议在履行过程中发生的争议，由双方当事人协商解决；协商不成的，按下列第_____种方式解决：

1. 提交_____仲裁委员会仲裁。

2. 依法向_____人民法院起诉。

第十条 甲、乙双方不得擅自修改或解除本协议。协议执行中如有未尽事宜，须经双方协商，作出补充规定。补充规定与本协议具有同等法律效力。

第十一条 本协议有效期限自_____年_____月_____日起至_____年_____月_____日止，为期_____年。

甲　方（盖章）：_____　　　乙　方（盖章）：_____

代表人（签字）：_____　　　代表人（签字）：_____

电　话：_____　　　　　　　电　话：_____

签约日期：_____年____月____日

签约地点：_____

六、一般货物运输合同

一般货物运输合同

合同编号：＿＿＿＿＿＿＿

订立合同双方：

托运人：＿＿＿＿＿＿＿＿＿＿＿＿＿＿＿＿＿＿＿＿＿

承运人：＿＿＿＿＿＿＿＿＿＿＿＿＿＿＿＿＿＿＿＿＿

托运人详细地址：＿＿＿＿＿＿＿＿＿＿＿＿＿＿＿＿

收货人详细地址：＿＿＿＿＿＿＿＿＿＿＿＿＿＿＿＿

根据国家有关运输规定，经过双方充分协商，特订立本合同，以便双方共同遵守。

第一条　货物名称、规格、数量、价款。

货物编号	品　名	规格	单位	单价	数量	金额（元）

第二条　包装要求：托运人必须按照国家主管机关规定的标准包装；没有统一规定包装标准的，应根据保证货物运输安全的原则进行包装，否则承运人有权拒绝承运。

第三条 货物起运地点：＿＿＿＿＿＿＿＿＿＿＿＿＿＿＿。

货物到达地点：＿＿＿＿＿＿＿＿＿＿＿＿＿＿＿。

第四条 货物承运日期：＿＿＿＿＿＿＿＿＿＿＿＿＿＿＿。

货物运到期限：＿＿＿＿＿＿＿＿＿＿＿＿＿＿＿。

第五条 运输质量及安全要求：＿＿＿＿＿＿＿＿＿＿＿＿。

第六条 货物装卸责任和方法：＿＿＿＿＿＿＿＿＿＿＿＿。

第七条 收货人领取货物及验收办法：＿＿＿＿＿＿＿＿＿。

第八条 运输费用、结算方式：＿＿＿＿＿＿＿＿＿＿＿＿。

第九条 各方的权利义务：

1. 托运人的权利义务。

（1）托运人的权利：要求承运人按照合同规定的时间、地点，把货物运输到目的地。货物托运后，托运人需要变更到货地点或收货人，或者取消托运时，有权向承运人提出变更合同的内容或解除合同的要求。但必须在货物未运到目的地之前通知承运方，并应按有关规定付给承运人所需费用。

（2）托运人的义务：按约定向承运人交付运杂费。否则，承运人有权停止运输，并要求对方支付违约金。托运人对托运的货物，应按照规定的标准进行包装，遵守有关危险品运输的规定，按照合同中规定的时间和数量交付托运货物。

2. 承运人的权利义务。

（1）承运人的权利：向托运人、收货人收取运杂费用。如果收货人不交或不按时交纳规定的各种运杂费用，承运人对其货物有扣压权。查不到收货人或收货人拒绝提取货物，承运人应及时与托运人联系，在规定期限内负责保管并有权收取保管费用，对于超过规定期限仍无法交付的货物，承运人有权按有关规定予以处理。

（2）承运人的义务：在合同规定的期限内，将货物运到指定的地点，按时向收货人发出货物到达的通知。对托运的货物要负责安全，保证货物无短缺、无损坏、无人为的变质，如有上述问题，应承担赔偿义务。在货物到达以后，按规定的期限负责保管。

3．收货人的权利义务。

（1）收货人的权利：在货物运到指定地点后有以凭证领取货物的权利。必要时，收货人有权向到站、或中途货物所在站提出变更到站或变更收货人的要求，签订变更协议。

（2）收货人的义务：在接到提货通知后，按时提取货物，缴清应付费用。超过规定提货时，应向承运人交付保管费。

第十条　违约责任：

1．托运人责任。

（1）未按合同规定的时间和要求提供托运的货物，托运方应按其价值的____％偿付给承运方违约金。

（2）由于在普通货物中夹带、匿报危险货物，错报笨重货物重量等而招致吊具断裂、货物摔损、吊机倾翻、爆炸、腐蚀等事故，托运人应承担赔偿责任。

（3）货物包装缺陷产生破损，致使其他货物或运输工具、机械设备被污染腐蚀、损坏，造成人身伤亡的，托运人应承担赔偿责任。

（4）在托运人专用线或在港、站公用线、专用铁道自装的货物，在到站卸货时，发现货物损坏、缺少，在车辆密封完好或无异状的情况下，托运人应赔偿收货人的损失。

（5）罐车发运货物，因未随车附带规格质量证明或化验报告，造成收货人无法卸货时，托运人应偿付承运人卸车等费用。

2．承运人责任。

（1）不按合同规定的时间和要求配车（船）发运的，承运人应偿付托运方违约金_____元。

（2）承运人如弄错到货地点或接货人，应无偿运至合同规定的到货地点或接货人。如果货物逾期到达，承运人应偿付逾期交货的违约金。

（3）运输过程中货物灭失、短少、变质、污染、损坏，承运人应按货物的实际损失（包括包装费、运杂费）赔偿托运人。

（4）联运的货物发生灭失、短少、变质、污染、损坏，应由承运人承担赔偿责任的，由终点阶段的承运人向负有责任的其他承运人追偿。

（5）在符合法律和合同规定条件下的运输，由于下列原因造成货物灭失、短少、变质、污染、损坏的，承运人不承担违约责任：

①不可抗力。

②货物本身的自然属性。

③货物的合理损耗。

本合同正本一式两份，合同双方各执一份；合同副本一式____份，送有关各单位各留一份。

托运人：_____　　承运人：_____

代表人：_____　　代表人：_____

地址：_____　　地址：_____

电话：_____　　电话：_____

开户银行：_____　　开户银行：_____

账号：_____　　账号：_____

签约日期：_____年___月___日

签约地点：_____

七、陆上货物运输托运合同

陆上货物运输托运合同

合同编号：_____

甲方（托运单位）：_____货运公司

乙方（发货单位）：_____公司

委托注意事项：

1. 雨天等影响车辆正常行驶的天气下不运。

2. 危险物品不运。

3. 有自备工具、人员装车。

4. 有自备工具卸车。

5. 甲方星期天休息不运。

运输货物名称：

运输距离：_____公里。运费人民币（大写）：_____

违约责任：不按运输托运单规定时间和要求配车发运的，由甲方酌情赔偿损失；运输过程中人为造成货物灭失、短少、损坏，按货物的实际损失赔偿。甲方未按乙方规定的时间和要求提供托运货物，应偿付乙方实际损失的违约金。由于货物包装缺陷产生破损，因此造成其他货物和运输工具损坏，造成人身伤亡，甲方应承担赔偿责任。

甲　方（盖章）：_____　　　乙　方（盖章）：_____

代表人（签字）：_____　　　代表人（签字）：_____

电　话：_____　　　　　　　电　话：_____

签约日期：_____年___月___日

签约地点：_____

八、国际公路运输合同

国际公路运输合同

合同编号：_____

甲方：_____

乙方：_____

第一条 运单应包括下列主要内容：

一、运单的签发日期和地点。

二、发货人的名称和地址。

三、承运人的名称和地址。

四、收货人的名称和地址。

五、物件件数、特征标志和号码。

六、货物品名和包装方法，如危险货物，应说明其基本性质。

七、与运输有关的费用附加费、关税和从签订合同到交货期间发生的其他费用。

八、办理海关和其他手续所必需的托运人的通知。

九、是否允许转运的说明。

十、货物价值。

十一、交付承运人的货物单据清单。

十二、发货人关于货物保险。

十三、发货人负责支付的费用。

十四、货物运输起止期限等。

第二条 发货人应对上述事项的准确性负责。原则上运单须经承托双方正式签字方能生效。

运单一式三份，第一份发给发货人，第二份随货转移，第三份由承运人留存。如下面运单：

发货人/公司：＿＿＿＿＿＿＿＿＿＿＿＿＿＿＿＿＿＿＿＿＿＿＿。

地址：＿＿＿＿＿＿＿＿＿＿＿＿＿＿＿＿＿＿＿＿＿＿＿＿＿＿。

装货/提柜地址：＿＿＿＿＿＿＿＿＿＿＿＿＿＿＿＿＿＿＿＿。

装货/提柜时间：＿＿＿＿＿＿＿＿＿＿＿＿＿＿＿＿＿＿＿＿。

货柜号：＿＿＿＿＿＿＿＿＿＿＿＿＿＿＿＿＿＿＿＿＿＿＿＿。

发货人/公司：＿＿＿＿＿＿＿＿＿＿＿＿＿＿＿＿＿＿＿＿＿＿。

地址：＿＿＿＿＿＿＿＿＿＿＿＿＿＿＿＿＿＿＿＿＿＿＿＿＿＿。

卸货/还柜地址：＿＿＿＿＿＿＿＿＿＿＿＿＿＿＿＿＿＿＿＿。

车到/还柜时间：_____。

载数时间：_____。

电话：_____。

联络人：_____。

海关名称：_____。

海关标号：_____。

参收人：_____。

出/入海关：_____。

运费总计费：_____。

货物名称、数量、发货人/公司签署/盖章收货人/公司签署/盖章

车到时间：____月____日____时____分，离开时间：____月____日____时
____分。

经手人：_____。

车到时间：____月____日____时____分，离开时间：____月____日____时
____分。

经手人：_____。

司机回交承运商或代表人签署

业务：_____   司机：_____

调度：_____   财务：_____

备注：_____   托运须知：_____

第三条 托运方责任委约：

一、托运货物如因所报名称、件数、重量不符，致被当地政府扣留或处罚时，均由托运方负责，同时本公司车辆如因上述原因被阻，暂不能营业，托运人应按实际时间赔偿本公司损失。

二、托运方应依照约定时间装卸货物，如若超时，由托运人支付相应费用。

三、货物如须投保可委托本公司办理或自行向有关保险公司投保。

四、车启运期间，一切风水火险、机件故障、司机驾驶疏忽及其他意外均由

托运人自理。本公司概不负责。

五、如因报关文件不齐备、逾期、装卸超时、收货单位来迟，托运人必须按实际时间支付运货及过夜费，关场停车费。

六、如因托运人或托运代理人携带违禁品，违反当地法规，而引致车辆及司机被扣留或处罚时，托运人必须赔偿一切损失，直至事件完满解决为止。

第四条　甲、乙双方在履行本合同过程中发生争议，由双方协商解决；协商不成的，或提交_____仲裁委员会仲裁，或依法向_____人民法院起诉。

甲　方（盖章）：_____　　　乙　方（盖章）：_____

代表人（签字）：_____　　　代表人（签字）：_____

电　话：_____　　　电　话：_____

签约日期：_____年____月____日

签约地点：_____

九、水路运输合同

水路运输合同

合同编号：_____

根据《合同法》的规定，_____（简称甲方），委托省交通厅海运局（简称乙方）计划外托运_____货物，乙方同意承运，特签订本合同，双方共同遵守，互相制约，具体条款协商如下：

第一条　运输方法

乙方调派____吨位船舶一艘（船舶有/无吊货设备），应甲方要求由____港运至____港，按现行包船运输规定办理。

第二条　货物集中

甲方应按乙方指定时间，将____货物于_____天内集中于____港，货物集齐后，乙方应在五天内派船装运。

第三条　装船时间

甲方联系到达港同意安排卸货后，经乙方落实并准备接收集货（开集日期由乙方指定）。装船作业时间，自船舶抵港已靠好码头时起于____小时内装完货物。

第四条　运到期限

船舶自装货完毕办好手续时起，于____小时内将货物运到目的港。否则按规定承担滞延费用。

第五条　起航联系

乙方在船舶装货完毕起航后，即发报通知甲方做好卸货准备，如需领航时亦通知甲方按时派引航员领航，费用由____方负担。

第六条　卸船时间

甲方保证乙方船舶抵达____港锚地，自下锚时起于____小时内将货卸完。否则甲方按超过时间向乙方交付滞延金每吨时____元，在装卸货过程中，因天气影响装卸作业的时间，经甲方与乙方船舶签证，可按实际影响时间扣除。

第七条　运输质量

乙方装船时，甲方应派员监装，指导工人按章操作，装完船封好舱，甲方可派押运员（免费一人）随船押运。乙方保证原装原运，除因船舶安全条件所发生的损失外，对于运送____货物的数量和质量均由甲方自行负责。

第八条　运输费用

按省水运货物一级运价率以船舶载重吨位计货物运费____元，空驶费按运费的50%计（____），全船运费为____元，一次计收。

港口装船费用，按省港口收费规则有关费率计收，卸船等费用，由甲方直接与到达港办理。

第九条　费用结算

本合同经双方签章后，甲方向乙方预付运输费用＿＿＿元。乙方在船舶卸完后，以运输费用凭据与甲方一次结算，多退少补。

第十条　附则

本合同甲乙双方各执正本一份，副本＿＿＿份。并向工商行政管理局登记备案。如有未尽事宜，可按省交通厅海上运输管理规定和经济合同法的有关规定协商办理。

甲方（盖章）：＿＿＿＿＿＿＿＿　　　乙方（盖章）：＿＿＿＿＿＿＿＿

法定代表人：＿＿＿＿＿＿＿＿　　　法定代表人：＿＿＿＿＿＿＿＿

开户银行：＿＿＿＿＿＿＿＿　　　开户银行：＿＿＿＿＿＿＿＿

账号：＿＿＿＿＿＿＿＿　　　账号：＿＿＿＿＿＿＿＿

　　　　　　　　　　　　　　　　签约日期：＿＿＿年＿＿月＿＿日

　　　　　　　　　　　　　　　　签约地点：＿＿＿＿＿＿＿＿＿

十、包船运输合同

包船运输合同

合同编号：＿＿＿＿＿＿＿

甲方（托运人）：＿＿＿＿＿＿＿＿

乙方（承运人）：＿＿＿＿＿＿＿＿

乙方同意甲方托运＿＿＿＿货物，经双方协商一致，签订本合同，共同遵守执行。

第一条　运输方法：

乙方调派＿＿＿＿吨船舶一艘，船名＿＿＿＿，编号＿＿＿＿，船舶有＿＿＿＿吊货设备，应甲方要求由_____港运至_____港_____号码头，按现行包船运输规定办理。

第二条 货物包装要求：

乙方将货物用_____材料包装，每包体积_____立方米，重量_____吨。

（或_____型号包装集装箱）

第三条 货物集中与接收时间：

甲方应在____年____月____日至____月____日内将货物集中于_____港_____号码头。由乙方联系港口接收集货，货物由甲方看守。

第四条 装船时间：

乙方于____年____月____日将船舶抵达港口，靠好码头，于____月____日____时至____时将货物装完。

第五条 运到期限：

乙方应于____年____月____日____时前将货物运达目的港码头。

第六条 起航联系：

乙方在船舶装货完毕起航后，即发电报通知甲方做好卸货准备，如需领航时亦通知甲方按时派引航员领航，费用____元由____负担。

第七条 乙方按甲方提示安排集装箱到指定的仓库、工厂装载货物，装货后，甲方应在集装箱上加封条并在乙方托运文件上清楚记录货物标记、品名、件数、集装箱和封号并由经办人签名。乙方应详细检查所送来的货物的状态，并作出必要的记录，乙方有权拒收或要求甲方更换有严重缺陷的货物。

第八条 运输费用：

以船舶载重吨位计货物运费_____元，空驶费按运费的 50% 计_____元，全船运费为_____元。

港口装船费用，由甲方与该港办理；卸船费用，由甲方与到达港办理。

第九条 海运费支付方式：甲方应在支付海运费后方可取得运费预付的海运提单，如甲方未能准时交付前述费用将会对目的港客户的准时提货造成影响，由此产生的各种额外款项及后果均由甲方负责。

第十条　甲方违约责任：

1. 未能按时卸货，每延迟一小时应向乙方偿付违约金＿＿＿＿元。

2. 如不履行合同或擅自变更合同，应偿付乙方＿＿＿＿元违约金。

3. 未按时集中货物，造成乙方船舶不能按时装货、按时起航，每延误一小时，应向乙方偿付违约金＿＿＿＿元。

4. 未能按时付清运输费用，每逾期一天，应向乙方偿付未付部分运输费用＿＿＿＿％的违约金。

第十一条　乙方违约责任：

1. 乙方不履行合同或擅自变更合同，应偿付甲方＿＿＿＿元违约金，并退还甲方的预付款。

2. 乙方违章装、卸造成货物损坏，应赔偿实际损失，并向甲方偿付损失部分价款＿＿＿＿％的违约金。

3. 乙方未按期将货物运达目的港码头，每逾期一天，应偿付甲方违约金＿＿＿＿元。

4. 乙方船舶起航后未电报通知甲方准备卸船，所造成的损失由乙方负责。

第十二条　本合同执行中如发生争议，先由双方协商解决，协商不能解决，双方都可以申请海上（水上）运输管理机关裁决，或向人民法院起诉。

第十三条　本合同一式两份，甲、乙双方各执一份。

甲方：＿＿＿＿＿＿＿＿＿＿　　　　乙方：＿＿＿＿＿＿＿＿＿＿

代表人：＿＿＿＿＿＿＿＿＿　　　　代表人：＿＿＿＿＿＿＿＿＿

地址：＿＿＿＿＿＿＿＿＿＿　　　　地址：＿＿＿＿＿＿＿＿＿＿

电话：＿＿＿＿＿＿＿＿＿＿　　　　电话：＿＿＿＿＿＿＿＿＿＿

开户银行：＿＿＿＿＿＿＿＿　　　　开户银行：＿＿＿＿＿＿＿＿

账号：＿＿＿＿＿＿＿＿＿＿　　　　账号：＿＿＿＿＿＿＿＿＿＿

签约日期：＿＿＿＿＿年＿＿月＿＿日

签约地点：＿＿＿＿＿＿＿＿＿＿

十一、海上货物运输协议

海上货物运输协议

协议编号：＿＿＿＿＿＿＿＿＿＿

甲方（出运方）：＿＿＿＿＿＿＿＿＿＿＿＿＿＿＿电器公司

乙方（承运方）：＿＿＿＿＿＿＿＿＿＿＿＿＿＿＿＿＿

为了明确甲、乙双方的权利和义务，根据《合同法》的有关规定，经协商一致，就有关集装箱货物运输事宜达成如下协议，共同遵守。

第一条　货名

本协议只适用于双方经销协议或买卖协议中列明的如下货物：

电冰箱、空调、洗衣机、电冰柜等家用（民用）电器产品出口。

第二条　航线

始发地或装运港：＿＿＿＿＿＿＿＿＿＿＿＿＿＿＿＿。

目的地或卸货港：＿＿＿＿＿＿＿＿＿＿＿＿＿＿＿＿。

第三条　合同运价及运价表

1. 海运费及其他费用。

在本协议期间内，乙方同意海运费及其他费用按《中标通知书》或双方确定的价格条款执行。

2. 海运费及其他费用的支付。

（1）海运费支付方式：甲方应在支付运费后方可取得运费预付的海运提单，如甲方未能准时支付前述费用将会对目的港客户的准时提货造成影响，由此产生的各种额外款项及后果均由甲方负责。

（2）协议中装运港或到达港将根据出运方的要求随时增加或减少，具体费用等由双方另行协商。

（3）在协议的有效期内，如果承运方公开的海运费及其他费用降低，则双方的协议海运费及其他费用将根据降低的幅度作相应调整。

3. 双方约定的上述海运费及其他费用有效期间届满前一个月，双方可根据市场情况协商以后三个月运价，如不能达成一致，则本协议自动终止。

第四条 甲、乙双方职责

1. 乙方应提供到达卸货港的充足和切实的舱位，合同双方应在船期信息方面保持沟通。

2. 订舱时，甲方应向乙方提供本合同合同编号，该编号应在提单上注明。

3. 乙方应保证提供甲方在每月订舱货物通知单中所要求的箱型和箱量，如果甲方不能接受或舱位不能满足甲方要求，乙方要承担由此给甲方造成的损失，并允许甲方另找承运人。

4. 甲方应每月向乙方提供订购货物通知单，包括所需箱型、箱量、合同编号、出运货物、对运输的特殊要求及预计出运时间。

第五条 不可抗力

协议双方只有在下列情况中才能免除应负的责任：罢工或不为协议双方所能控制的情况。

第六条 变更、解除

1. 乙方违反有关法律规定或协议约定，甲方有权变更或解除协议，乙方应赔偿因此而给甲方造成的损失。

2. 乙方同意甲方有权以书面形式通知乙方变更或解除本协议或双方签订的其他协议，协议自甲方发出通知之日起30天后变更或解除，甲方无须承担任何违约责任，也无须承担乙方的任何损失。

3. 协议双方若对协议进行变更或解除，应提前一个月通知对方，达成一致协议后，对协议进行变更或解除。

第七条 协议纠纷解决方式

甲、乙双方在履行本协议过程中发生争议，由双方协商解决；协商不成的，按本协议约定的下列方法之一进行解决：

1. 由_____仲裁委员会仲裁。

2. 向_____人民法院起诉。

第八条 乙方开户银行：_____ 账号：_____，如开户银行或账号有改变应书面通知甲方。

第九条 协议有效期

本协议有效期限自_____年_____月_____日起至_____年_____月_____日止，为期_____年。

甲　方（盖章）：_____　　　　乙　方（盖章）：_____

代表人（签字）：_____　　　　代表人（签字）：_____

电　话：_____　　　　　　　电　话：_____

签约日期：_____年____月____日

签约地点：_____

十二、远洋货物运输协议

远洋货物运输协议

协议编号：_____

甲方：_____

乙方：_____货运公司

为了明确甲、乙双方的权利和义务，根据《合同法》的有关规定，经协商一致，就中国港口与世界各地之间的货物运输业务达成如下协议，共同遵守。

第一条 乙方承运从装货港至卸货港的进出口货物，乙方向甲方提供优惠运价和良好的货运服务。

第二条　甲方向乙方提供托运单据，并加盖公司印章。托运后如需修改，须以书面形式通知乙方。乙方接受托运后，即按要求订舱并代为安排相应的集装箱托运、货物清关等后勤服务。

第三条　乙方装船时，甲方派员监装，指导照章操作，保证安全装货，装完船封好舱，甲方派押运员一名押运。乙方保证原装原运。

第四条　不可抗力。

1. 在装、卸货过程中，因气候影响装、卸作业时间，经甲、乙双方签证，可按实际影响时间扣除。

2. 因_____级以上风暴影响，不能按时履行协议，双方均不负违约责任。

第五条　货物装船后由乙方签发已装船的海运提单。

第六条　运费结算办法。

本协议签订后，甲方应于_____年_____月_____日前向乙方预付运输费用_____元。乙方在船舶卸完后，甲方应于_____年_____月_____日前付清运输费用。

第七条　乙方违约责任。

1. 乙方未能按期将货物运达目的地码头，每逾期一天，应偿付甲方违约金_____元。

2. 乙方船舶起航后未电报通知甲方准备卸船，所造成的损失由乙方负责。

3. 乙方违章装、卸造成货物损坏，应赔偿实际损失，并向甲方偿付损失部分价款_____%的违约金。

4. 乙方不履行协议或擅自变更协议，应偿付甲方_____元违约金，并退还甲方的预付款。

第八条　甲、乙双方就本协议的纠纷解决地点为中国，适用中国法律及导致适用的国际条约、惯例。

第九条　本协议自双方签字之日起生效，有效期为一年，协议的有效期满后，如双方未提出异议，则延续一年，依此类推，任何一方若要求终止本协议，须提前半个月向对方提出。

甲　方（盖章）：＿＿＿＿＿　　　乙　方（盖章）：＿＿＿＿＿

代表人（签字）：＿＿＿＿＿　　　代表人（签字）：＿＿＿＿＿

电　话：＿＿＿＿＿＿＿　　　电　话：＿＿＿＿＿＿＿

签约日期：＿＿＿＿年＿＿月＿＿日

签约地点：＿＿＿＿＿＿＿

十三、包机运输协议

包机运输协议

协议编号：＿＿＿＿＿＿

＿＿＿＿＿＿＿（以下简称包机人）为包用飞机与中国民用航空＿＿＿＿＿＿

售票服务处（以下简称承运人）签订本协议，双方同意遵守下列条款：

第一条　包机人于＿＿＿月＿＿＿日起包用＿＿＿＿型飞机＿＿＿＿架次，其航程如下：

自＿＿＿月＿＿＿日至＿＿＿＿月＿＿＿日，停留＿＿＿日。

自＿＿＿月＿＿＿日至＿＿＿＿月＿＿＿日，停留＿＿＿日。

自＿＿＿月＿＿＿日至＿＿＿＿月＿＿＿日，停留＿＿＿日。

包机费用总共＿＿＿＿元。

第二条　根据包机航程及经停站，可供包机人使用的最大载量为＿＿＿＿公斤（内＿＿＿＿座位）。如因气象原因或其他特殊原因需要增加空勤人员或燃料时，载量照减。

第三条　包机吨位如包机人未充分利用时，空余吨位应由民航利用，包机人不得利用空余吨位，自行载运非本单位的客货。

第四条　承运人除因气象、政府禁令等原因外，应依期飞行。

第五条　包机人签订本协议后，要求取消包机，应交付退包费每架次_____元。如在包机人退包前，承运人为执行协议已发生调机等费用时，应由包机人负责交付此项费用。

第六条　在执行协议的飞行途中，包机人要求停留，按规定收取留机费。

第七条　其他未尽事项，按承运人旅客、货物运输规则办理。

包机人：_____

承运人：_____

银行账号：_____

开户行：_____

签约日期：_____年____月____日

签约地点：_____

十四、航空货物运输协议

航空货物运输协议

协议编号：_____

甲方：_____

乙方：_____

第一条　本协议为航空服务有限公司与托运人订立运输合同的组成部分，并经托运人或托运经办人和承运人签名或签章生效，有特殊约定的，须经双方另行协商签订。

第二条　托运货物不得假报品名，不得在货物内夹带其他物品，不得冒用他人商标或国家限制运输物品，否则，被政府有关部门扣查、处罚的由该托运人承担一切责任，如因此影响其他托运人运输期限的，承运人有权追究其法律责任。

第三条　赔偿费用

1．托运货物必须按承运人的要求妥善包装，确保运输过程中不致损坏、散失、渗漏。

2．索赔期限为货物应到时间后 10 天内，超过索赔期限，收货人或托运人未提出赔偿要求，则视为自动放弃索赔权利。

3．国内、国际普货运输：未申报货物价值不收取保价费，遇意外事故损失和遗失时，承运人最高按该货物运费的三倍负责赔偿。

4．国内、国际普货运输：已申报货物价值并收取保价费，遇意外事故损失者，按不高于申报货物价值的实际损失 100％ 赔偿。

5．托运货物需向承运人申报货物价值，承运人代收取保价费。

6．托运人要求运费到付，收货人拒绝支付，托运人必须按产生费用全额向承运人支付。

第四条　托运国际快件或香港、澳门、台湾快件，托运人应提供商业发展、品质说明、装箱单等报关文件。

第五条　承运人有权对每票货物开封检查，不符合国家运输规定的，可拒收或退回该货物。

第六条　代理航空、特快专递、铁路行包运输条款以航空公司、快递公司、铁路部门规定为准。

第七条　转发的货物，托运人指定由第二承运人承运的，第二承运人签收后一切责任由托运人负责。

第八条　甲、乙双方在履行本协议过程中发生争议，由双方协商解决；协商不成的，按本协议约定的下列方法之一进行解决：

1．由_____仲裁委员会仲裁。

2．向_____人民法院起诉。

甲　方（盖章）：＿＿＿＿＿　　　乙　方（盖章）：＿＿＿＿＿

代表人（签字）：＿＿＿＿＿　　　代表人（签字）：＿＿＿＿＿

电　话：＿＿＿＿＿　　　　　　　电　话：＿＿＿＿＿

　　　　　　　　　　　　　　　　签约日期：＿＿＿＿年＿＿月＿＿日

　　　　　　　　　　　　　　　　签约地点：＿＿＿＿＿＿＿＿＿＿

十五、北京市房屋租赁合同

北京市房屋租赁合同

合同编号：＿＿＿＿＿＿

出租方：＿＿＿＿＿＿＿＿＿＿

承租方：＿＿＿＿＿＿＿＿＿＿

特　别　告　知

一、本合同为北京市建设委员会与北京市工商行政管理局共同制定的示范文本，供房屋租赁双方当事人约定使用，但不适用于执行政府规定租金标准的公有房屋的租赁关系。签订合同前双方当事人应仔细阅读合同各项条款，未尽事宜可在第十五条"其他约定事项"或合同附件中予以明确。

二、签订合同前，租赁双方应相互交验有关身份证明及房屋权属证明。

三、接受他人委托代理出租房屋的，应在签订本合同前出示委托人开具的授权委托书或出租代理合同，向承租方明示代理权限。

四、租赁双方应共同查验房屋内的设施、设备，填写《房屋附属设施、设备清单》并签字盖章。

五、合同内的空格部分可由租赁双方根据实际情况约定填写。

六、本合同签订之日起 30 日内租赁双方应按规定到房屋所在地的区县建设（房屋）管理部门或其委托的机构办理房屋租赁合同登记备案手续。

七、租赁关系由房地产经纪机构居间或代理的，房地产经纪机构和房地产经纪持证人员应在落款内签字、盖章，并注明经纪资格证书编号。

房屋租赁合同（1）

合同编号：_____

出租人：_____　　签订地点：_____

承租人：_____　　签订时间：_____年___月___日

第一条　租赁房屋坐落在_____、间数____、建筑面积_____、房屋质量_____。

第二条　租赁期限从_____年___月___日至_____年___月___日。

（提示：租赁期限不得超过 20 年。超过 20 年的，超过部分无效）

第三条　租金（大写）：_____。

第四条　租金的支付期限与方式：_____。

第五条　承租人负责支付出租房屋的水费、电费、煤气费、电话费、光缆电视收视费、卫生费和物业管理费。

第六条　租赁房屋的用途：_____。

第七条　租赁房屋的维修：_____。

出租人维修的范围、时间及费用负担：_____

_____。

第八条　出租人（是/否）允许承租人对租赁房屋进行装修或改善增设他物。装修、改善增设他物的范围是：_____

_____。

租赁合同期满，租赁房屋的装修、改善增设他物的处理：_____

_____。

第九条　出租人（是/否）允许承租人转租租赁房屋。

第十条　定金（大写）＿＿＿＿＿＿＿元。承租人在＿＿＿前交给出租人。

第十一条　合同解除的条件。

有下列情形之一，出租人有权解除本合同：

1. 承租人不交付或者不按约定交付租金达＿＿＿个月以上。

2. 承租人所欠各项费用达（大写）＿＿＿＿＿＿元以上。

3. 未经出租人同意及有关部门批准，承租人擅自改变出租房屋用途的。

4. 承租人违反本合同约定，不承担维修责任致使房屋或设备严重损坏的。

5. 未经出租人书面同意，承租人将出租房屋进行装修的。

6. 未经出租人书面同意，承租人将出租房屋转租第三人的。

7. 承租人在出租房屋进行违法活动的。

8. 其他：＿＿＿＿＿＿＿＿＿＿＿＿＿＿＿＿＿＿＿＿＿＿＿＿＿＿。

有下列情形之一，承租人有权解除本合同：

1. 出租人迟延交付出租房屋＿＿＿＿个月以上。

2. 出租人违反本合同约定，不承担维修责任，使承租人无法继续使用出租房屋。

3. 其他：＿＿＿＿＿＿＿＿＿＿＿＿＿＿＿＿＿＿＿＿＿＿＿。

第十二条　房屋租赁合同期满，承租人返还房屋的时间是：＿＿＿＿＿＿＿

＿＿＿＿＿＿＿＿＿＿＿＿＿＿＿＿＿＿＿＿＿＿＿＿＿＿＿＿＿＿＿＿＿。

第十三条　违约责任。

出租人未按时或未按要求维修出租房屋造成承租人人身受到伤害或财产毁损的，负责赔偿损失。

承租人逾期交付租金，除应及时如数补交外，还应支付滞纳金。

承租人违反合同，擅自将出租房屋转租第三人使用的，因此造成出租房屋毁坏的，应负损害赔偿责任。

第十四条　合同争议的解决方式：本合同在履行过程中发生的争议，由双方当事人协商解决；也可由有关部门调解；协商或调解不成的，按下列第＿＿＿种方式解决：

1. 提交_____仲裁委员会仲裁。

2. 依法向_____人民法院起诉。

第十五条 其他约定事项：_____

_____。

出租人（章）：	承租人（章）：	
住所：	住所：	鉴（公）证意见：
法定代表人（签名）：	法定代表人（签名）：	
居民身份证号码：	居民身份证号码：	
委托代理人（签名）：	委托代理人（签名）：	
电话：	电话：	鉴（公）证机关（章）
开户银行：	开户银行：	经办人：
账号：	账号：	年 月 日
邮政编码：	邮政编码：	

房屋租赁合同（2）

订立合同双方：

甲方（出租人）：_____

乙方（承租人）：_____

为调剂房屋使用的余缺，甲方愿意将产权（或管理权）属于自己的房屋出租给乙方，双方根据_____市（县）有关房产管理的规定，经过充分协商，特订立本合同，以便共同遵守。

第一条 出租房屋坐落地址：_____。

第二条 房屋名称、规格、等级、间数、面积、单价、金额、地面质量（见下表）

房屋名称 （楼、正、厢、平、厦）	规格	等级	间数 （间）	面积 （m²）	单价 （元）	年租 金额 （元）	门数 （扇）	窗数 （眼）	地面质量 （土、砖、水泥）

第三条　租赁期限

租期为＿＿年，从＿＿年＿＿月＿＿日起至＿＿年＿＿月＿＿日止。

甲方应按照合同规定时间和标准，将出租的房屋及时给乙方使用居住。

第四条　租金和租金交纳期限

乙方每月向甲方缴纳租金人民币＿＿元整，甲方应出具收据。租金在当月＿＿天内交清，交租金地点在：＿＿＿＿＿＿＿＿＿＿＿＿＿＿＿＿＿。

（房屋租金，由租赁双方按照房屋所在地人民政府规定的私有房屋租金标准协商议定；没有规定标准的，由租赁双方根据公平合理的原则，参照房屋所在地租金的实际水平协商决定。出租人不得任意抬高租金。）

第五条　出租人与承租人的变更。

1. 租赁期间，甲方如将房产所有权转移给第三人，不必征得乙方同意，但应通知乙方。房产所有权转移给第三人后，该第三人即成为本合同的当然甲方，享有原甲方的权利，承担原甲方的义务。

2. 租赁期间，乙方如欲将房屋转让给第三人使用，必须征得甲方的同意。取得使用权的第三人即成为本合同的当然乙方，享有原乙方的权利，承担原乙方的义务。

第六条　甲方的责任。

1. 甲方如未按本合同规定的时间向乙方提供租赁房屋，应按延迟期间内乙方应交租金的＿＿%计算，向乙方偿付违约金。

2. 租赁期间，出租房屋的维修由甲方负责，如租赁房发生重大自然损坏或有倾倒危险而甲方又不修缮时，乙方可以退租或代甲方修缮，并可以用修缮费用收据抵消租金。

3. 出租房屋的房产税、土地使用费由甲方负担。

4. 租赁期间，如甲方确需收回房屋自住，必须提前＿＿个月书面通知乙方，解除合同，甲方应付给乙方违约金，违约金以剩余租期内应交租金总额的＿＿％计算。

第七条　乙方的责任。

1. 乙方依约交付租金，甲方如无正当理由拒收，乙方不负迟延交租的责任；乙方如果拖欠租金，应按中国人民银行延期付款的规定向甲方偿付违约金。乙方如拖欠租金达＿＿月以上，甲方可以从乙方履约金（如乙方付有履约金）中扣除租金，并可收回出租之房屋。

2. 租赁期间，房屋管理费、水电费由乙方负担。

3. 租赁期间，如乙方确因特殊情况需要退房，必须提前＿＿个月书面通知甲方，解除合同，应付给甲方违约金，违约金以剩余租期内应交租金总额的＿＿％计算。

4. 租赁期间，乙方不得擅自改变房屋的结构及用途，乙方如因故意或过失造成租用房屋和设备的毁损，应负责恢复原状或赔偿经济损失。乙方如需装修墙窗，须事先征得甲方同意，并经房屋修缮管理部门批准方能施工。乙方在租用房屋内装修墙窗的格、花、板、壁、电器等物，在迁出时可一次折价给甲方，亦可自行拆除，但应恢复房屋原状。

5. 租赁期满或合同解除，乙方必须按时搬出全部物件。搬迁＿＿日内房屋里如仍有余物，视为乙方放弃所有权，由甲方处理。

6. 租赁期满或合同解除，如乙方逾期不搬迁，乙方应赔偿甲方因此所受的损失，必要时甲方可以向人民法院起诉和申请执行。

第八条　合同争议的解决方式。

本合同在履行过程中发生的争议，应通过甲乙双方协商解决，也可由当地房管部门或工商行政管理部门调解。协商或调解不成的，按下列第＿＿种方式解决：

1. 提交＿＿＿＿＿＿仲裁委员会仲裁。

2. 依法向＿＿＿＿＿＿人民法院起诉。

第九条　合同期满，如甲方的租赁房屋继续出租或出卖，乙方享有优先权。

第十条　房屋如因不可抗力的自然灾害导致毁损，本合同则自然终止，互不承担责任。

第十一条　本合同如有未尽事宜，须经双方协商作出补充规定。补充规定与本合同具有同等效力。

本合同一式二份，甲、乙双方各执一份；副本一式____份，交__市（县）房管局等单位各留存一份。

出租人（或单位）：_____（盖章）　承租人（或单位）：_____（盖章）

地址：_____　　　　地址：_____

工作单位：_____　　　　工作单位：_____

　　　　　　　　　　　　　　　签约日期：_____年___月___日

　　　　　　　　　　　　　　　签约地点：_____

十六、北京市市场场地租赁合同

北京市市场场地租赁合同

　　　　　　　　　　　　　　合同编号：_____

出租人（甲方）：_____

承租人（乙方）：_____

根据《中华人民共和国合同法》、《北京市生活消费品、生产资料市场管理条例》等有关法律、法规的规定，双方就租赁场地从事经营的有关事宜经协商达成协议如下：

第一条　租赁场地

乙方承租甲方（层/厅）_____号场地，面积_____平方米，用以乙方营业执照核准的经营范围为准；库房面积：＿＿＿＿＿＿＿平方米，库房位置为：＿＿＿＿＿＿。

第二条　租赁期限

自＿＿＿＿年＿＿＿＿月＿＿＿＿日起至＿＿＿＿＿年＿＿＿＿月＿＿＿＿日止，共计＿＿＿＿＿个月；其中免租期为自＿＿＿＿＿年＿＿＿＿月＿＿＿＿日起至＿＿＿＿＿年＿＿＿＿月＿＿＿＿日。

第三条　租金

本合同租金实行（一年/半年/季/月）支付制，租金标准为：＿＿＿＿＿＿＿＿＿；租金支付方式为（现金/支票/汇票）：＿＿＿＿＿＿＿＿；第一次租金的支付时间为：＿＿＿＿年＿＿＿＿月＿＿＿＿日，第二次租金的支付时间为：＿＿＿＿年＿＿＿＿月＿＿＿＿日。

第四条　保证金

是否收取保证金由双方协商约定，相关事宜见《北京市市场场地租赁保证金合同》。

第五条　保险

甲方负责投保的范围为：公共责任险、火灾险、＿＿＿＿＿＿＿＿＿＿＿。

乙方自行投保的范围为：＿＿＿＿＿＿＿＿＿＿＿＿＿＿＿＿＿＿。

第六条　甲方权利义务

1. 依法制定有关治安、消防、卫生、用电、营业时间等内容的各项规章制度并负责监督实施。

2. 协助各级行政管理机关对违反有关规定的乙方进行监督、教育、整顿。

3. 应按约定为乙方提供场地及相关配套设施和经营条件，保障乙方正常经营。

4. 除有明确约定外，不得干涉乙方正常的经营活动。

5. 应对市场进行商业管理，维护并改善市场的整体形象，包括：对商品品种的规划和控制、功能区域的划分、商品档次的定位、商品经营的管理及质量管理、服务质量管理、营销管理、形象设计、市场调研、公共关系协调、纠纷调解、人员培训等。

6. 应对市场进行物业管理，并负责市场内的安全防范和经营设施的建设及维护，包括：建筑物（包括公共区域及租赁场地）的管理及维修保养，对乙方装修的审查和监督，水、电、气、空调、电梯、扶梯等设备、管道、线路、设施及系统的管理、维修及保养，清洁管理，保安管理并负责市场的公共安全，消防管理，内外各种通道、道路、停车场的管理。

7. 做好市场的整体广告宣传，并保证每年广告宣传费用不低于市场当年租金总额的_____％。

第七条　乙方权利义务

1. 有权监督甲方履行合同约定的各项义务。

2. 应具备合法的经营资格，并按照工商行政管理部门核准的经营范围依法按执照经营。

3. 应自觉遵守甲方依法制定的各项规章制度及索票索证制度，服从甲方的监督管理。

4. 应按期支付租金并承担因经营产生的各项税费。

5. 应爱护并合理使用市场内的各项设施，如需改动应先征得甲方同意，造成损坏的还应承担修复或赔偿责任。

6. 应按照约定的用途，本着公平合理、诚实信用的原则依法经营，不得损害国家利益及其他经营者和消费者的合法权益，并承担因违法经营造成的一切后果。

7. 将场地转让给第三人或和其他租户交换场地的，应先征得甲方的书面同意，按规定办理相关手续，并不得出租、转让、转借营业执照。

8. 应按照甲方的要求提供有关本人或本企业的备案资料。

9. 建筑物外立面及建筑物内部非乙方承租场地范围内的广告发布权归甲方所有，未经甲方同意，乙方不得以任何形式在上述范围内进行广告宣传。

第八条　合同的解除

乙方有下列情形之一的，甲方有权解除合同，乙方应按照_____的标准支付违约金：

1. 在租赁期限内因违法经营被有关行政管理部门吊销、收回经营证照的。

2. 未按照约定的用途使用场地，经甲方_____次书面通知未改正的。

3. 利用场地加工、销售假冒伪劣商品的。

4. 进行其他违法活动累计达_____次或被新闻媒体曝光造成恶劣影响的。

5. 将场地擅自转租、转让、转借给第三人，或和其他租户交换场地的。

6. 逾期_____日未支付租金或水电等费用的。

7. 违反保证金协议的有关约定的。

8. 未经甲方同意连续_____日未开展经营活动的。

9. 违反甲方依法制定的规章制度情节严重或拒不服从甲方管理的。

甲方或乙方因自身原因需提前解除合同的，应提前____日书面通知对方，经协商一致后办理解除租赁手续，并按照_____的标准向对方支付违约金。因甲方自身原因提前解除合同的，除按约定支付违约金外，还应减收相应的租金，并退还保证金及利息。

第九条　其他违约责任

1. 甲方未按约定提供场地或用水、用电等市场内的经营设施或条件致使乙方不能正常经营的，应减收相应租金，乙方有权要求甲方继续履行合同或解除合同，并要求甲方赔偿相应的损失。

2. 甲方未按约定投保致使乙方相应的损失无法得到赔偿的，甲方应承担赔偿责任。

3. 乙方未按照约定支付租金或水电等费用的，应每日向甲方支付迟延租金或费用_____%的违约金。

第十条　免责条款

因不可抗力或其他不可归责于双方的原因，使场地不适于使用或租用时，甲方应减收相应的租金。

如果场地无法复原的，本合同自动解除，甲方应退还乙方保证金及利息，双方互不承担违约责任。

第十一条　续租

本合同续租适用以下第_____种方式：

1. 乙方有意在租赁期满后续租的，应提前_____日书面通知甲方，甲方应在租赁期满前对是否同意续租进行书面答复。甲方同意续租的，双方应重新签订租赁合同。租赁期满前甲方未做出书面答复的，视为甲方同意续租，租期为不定期，租金标准同本合同。

2. 租赁期满乙方如无违约行为的，则享有在同等条件下对场地的优先租赁权，如乙方无意续租的，应在租赁期满前_____日内书面通知甲方；乙方有违约行为的，是否续租由甲方决定。

第十二条　租赁场地的交还

租赁期满未能续约或合同因解除等原因提前终止的，乙方应于租赁期满或合同终止后_____日内将租赁的场地及甲方提供的配套设施以良好、适租的状态交还甲方。乙方拒不交还的，甲方有权采取必要措施予以收回，由此造成的损失由乙方承担。

第十三条　争议解决方式

本合同项下发生的争议，由双方协商解决或申请有关部门调解解决；协商或调解解决不成的，按下列第____种方式解决（只能选择一种）：

1. 提交_____仲裁委员会仲裁。

2. 依法向_____人民法院起诉。

第十四条　其他约定事项

1. 在租赁期限内场地所有权发生变动的，乙方依照本合同享有的承租权利不受影响。

2. _____。

3. _____。

本合同自双方签字盖章之日起生效。本合同一式_____份，甲方_____份，乙方_____份。

双方对合同内容的变更或补充应采用书面形式，并由双方签字盖章作为合同附件，附件与本合同具有同等的法律效力。

甲方单方制定的规章制度也作为本合同的附件，规章制度的内容与合同约定相冲突的，以本合同为准，但国家法律、政策另有规定的除外。

甲　方（盖章）：＿＿＿＿＿＿　　乙　方（盖章）：＿＿＿＿＿＿

住　所：＿＿＿＿＿＿＿　　　　住　所：＿＿＿＿＿＿＿

营业执照号码：＿＿＿＿＿　　　身份证号：＿＿＿＿＿＿

市场登记证号码：＿＿＿＿＿

委托代理人：＿＿＿＿＿　　　　委托代理人：＿＿＿＿＿

电　话：＿＿＿＿＿＿＿　　　　电　话：＿＿＿＿＿＿＿

签约日期：＿＿＿＿＿年＿＿月＿＿日

签约地点：＿＿＿＿＿＿＿＿＿＿＿

十七、厂房租赁合同

厂房租赁合同

合同编号：＿＿＿＿＿＿＿

甲方（出租方）：＿＿＿＿＿＿＿＿＿＿＿＿＿＿

乙方（承租方）：＿＿＿＿＿＿＿＿＿＿＿＿＿＿

根据有关法律法规，甲乙双方经友好协商一致达成如下条款，以供遵守。

第一条　租赁物位置、面积、功能及用途

1. 甲方将位于＿＿＿＿＿的厂房或仓库（以下简称租赁物）租赁于乙方使用。租赁物面积经甲、乙双方认可确定为＿＿＿＿＿平方米。

2. 本租赁物的功能为＿＿＿＿＿，包租给乙方使用。如乙方需转变使用功能，须经甲方书面同意，因转变功能所需办理的全部手续由乙方按政府的有关规定申报，因改变使用功能所应交纳的全部费用由乙方自行承担。

3. 本租赁物采取包租的方式，由乙方自行管理。

第二条　租赁期限

1. 租赁期限为_____年，即从_____年_____月_____日起至_____年_____月_____日止。

2. 租赁期限届满前_____个月提出，经甲方同意后，甲、乙双方将对有关租赁事项重新签订租赁合同。在同等承租条件下，乙方有优先权。

第三条　租赁物的交付

在本出租合同生效之日起_____日内，甲方将租赁物按现状交付乙方使用，且乙方同意按租赁物及设施的现状承租。

第四条　租赁费用

1. 租赁保证金

本出租合同的租赁保证金为首月租金的_____倍，即人民币_____元（大写：_____）。

2. 租金

租金第 1 年至第 2 年为每平方米人民币_____元/月，第 3 年起的租金，将以届时同等位置房屋的租金水平为依据，由甲、乙双方另行共同商定。每年的_____月_____日作为每年租金调整日。

3. 物业管理费

物业管理费为每平方米人民币_____元/月。

4. 供电增容费

供电增容的手续由甲方负责申办，因办理供电增容所需缴纳的全部费用由_____承担。

第五条　租赁费用的支付

1. 租金标准：该房屋按使用面积计租，月租金标准为_____元/m^2，月租金合计人民币_____元（大写：_____仟_____佰_____拾_____元整）。在租赁期间，如政府规定的租金标准发生变动，双方按政府规定的新租金标准执行，本合同其他条款继续有效。

2. 租金支付方式：工商银行各营业网点代收。

（1）乙方在工商银行营业网点开立信用卡、储蓄卡或储蓄存折作为该房屋的租金代扣账户，其户名为_____，账号为_____；乙方授权甲方委托工商银行每月从该账户中扣划租金。乙方凭工商银行的代收单到房屋所属各房管所财务开具正式缴租发票。

（2）在授权扣款期间，如租金代扣账户发生挂失、销户、冻结、止付等情况，乙方必须在五个工作日内重新确定代扣账户，并通知甲方变更扣款账户。否则，如发生租金代扣不成功，视为乙方逾期不交租金。

（3）租金结算方式：按月结算，乙方应在每月 10 日前将当月租金足额存入其租金代扣账户。每月最后一个工作日前不存或存入金额不足，导致代扣不成功的，视为逾期不交租金。

第六条　租赁物的转让

在租赁期限内，若遇甲方转让出租物的部分或全部产权，甲方应确保受让人继续履行本合同。在同等受让条件下，乙方对本出租物享有优先购买权。

第七条　专用设施、场地的维修、保养

1. 承租人对租赁物资要妥善保管。租赁物资返还时，双方检查验收，如因保管不善造成租赁物资损坏、丢失的，要按照双方议定的《租赁物资缺损赔偿办法》，由承租人向出租人偿付赔偿金。

2. 租赁期间，租赁物资的维修及费用由_____承担。

第八条　乙方防火安全

1. 在租赁期间须严格遵守《消防条例》以及_____有关制度，积极配合甲方做好消防工作，否则，由此产生的一切责任及损失由乙方承担。

2. 租赁物内确因维修等事务须进行一级临时动火作业时，须消防主管部门批准。

3. 乙方应在租赁物内按有关规定配置灭火器，严禁将楼宇内消防设施用作其他用途。

4. 应按消防部门有关规定全面负责租赁物内的防火安全，甲方有权检查租赁物的防火安全，但应事先给乙方书面通知。乙方不得无理拒绝或延迟给予同意。

第九条　物业管理

1. 位于物业管理区域内的出租公房，其产生的物业管理费用由乙方负责交纳，乙方应服从物业管理单位的统一管理，按时交纳物业管理服务费用。

2. 位于物业管理区域内的出租公房，其用于共用部位、共用设施设备的维修和更新、改造的专项维修资金由甲方负责交纳。

第十条　装修条款

1. 在租赁期限内如乙方须对租赁物进行装修、改建，须事先向甲方提交装修、改建设计方案，并经甲方同意，同时须向政府有关部门申报同意。

2. 如乙方的装修、改建方案可能对租赁物主结构造成影响的，则应经甲方及原设计单位书面同意后方能进行。

第十一条　合同的解除与终止

1. 租赁期间，甲方有下列行为之一的，乙方有权解除合同：

（1）不能及时提供房屋或所提供房屋不符合正常居住条件，严重影响乙方居住使用的。

（2）甲方未尽房屋修缮义务，严重影响乙方正常居住使用的。

（3）出租房屋经鉴定为危房的。

2. 租赁期间，乙方有下列行为之一的，甲方有权解除合同，收回出租房屋：

（1）未经甲方书面同意，乙方擅自转让、转租、转借或互换全部或部分承租房屋的。

（2）未经甲方书面同意，擅自拆改、变动承租房屋结构或改变本合同约定的房屋用途。

（3）故意损坏承租房屋，在甲方提出的合理期限内仍未修复的。

（4）拖欠房租累计达六个月以上（含六个月）。

（5）无正当理由闲置房屋达六个月以上的（含六个月）。

（6）利用承租房屋存放危险物品或进行违法活动。

（7）不按约定安全使用房屋而发生房屋倒塌、火灾等安全事故的。

（8）法律法规规定其他可以收回的。

3. 因不可抗力因素导致合同无法履行的，合同自然终止。

4. 租赁期满合同自然终止。

第十二条　不可抗力

凡因发生严重自然灾害、战争或其他不能预见的、其发生和后果不能防止或避免的不可抗力致使任何一方不能履行本合同时，遇有上述不可抗力的一方，应立即用邮递或传真通知对方，并应在三十日内，提供不可抗力的详情及合同不能履行，或不能部分履行，或须延期履行理由的证明文件。该项证明文件应由不可抗力发生地区的公证机关出具，如无法获得公证出具的证明文件，则提供其他有力证明。遭受不可抗力的一方由此而免责。

第十三条　合同的终止

本合同提前终止或有效期届满，甲、乙双方未达成续租协议的，乙方应于终止之日或租赁期限届满之日迁离租赁物，并将其返还甲方。

第十四条　有关税费

按国家及_____市有关规定，因本合同缴纳的印花税、登记费、公证费及其他有关的税项及费用，按有关规定应由甲方作为出租人、乙方作为承担人分别承担。有关登记手续由甲方负责办理。

第十五条　通知

根据本合同需要发出的全部通知以及甲方与乙方的文件往来及与本合同有关的通知和要求等，应以书面形式进行；甲方给予乙方或乙方给予甲方的信件或传真一经发出，挂号邮件以本合同第一页所述的地址并以对方为收件人付邮 10 日后或以专人送至前述地址，均视为已经送达。

第十六条　适用法律

1. 本合同在履行中发生争议，应由双方协商解决，若协商不成，则通过仲裁程序解决，双方一致同意以中国国际经济贸易仲裁委员会_____分会作为争议的仲裁机构。

2. 本合同受中华人民共和国法律的管辖，并按中华人民共和国法律解释。

第十七条　其他条款

1. 遇有本合同未尽事宜，由甲、乙双方通过协商另订补充条款，作为本合同不可分割的组成部分，且与本合同具有同等效力。

2. 本合同一式四份，甲、乙双方各执两份。

第十八条　合同效力

本合同经双方签字盖章，并收到乙方支付的首期租赁保证金款项后生效。

甲　方（盖章）：＿＿＿＿＿＿　　　乙　方（盖章）：＿＿＿＿＿＿

代表人（签字）：＿＿＿＿＿＿　　　代表人（签字）：＿＿＿＿＿＿

电　话：＿＿＿＿＿＿＿＿　　　　电　话：＿＿＿＿＿＿＿＿

签约日期：＿＿＿＿年＿＿月＿＿日

签约地点：＿＿＿＿＿＿＿＿＿＿